edition suhrkamp 2528

Wie beinahe überall auf der Welt steht der »Wilde Westen« in Ostdeutschland für Freiheit, Weite und Abenteuer – und das war auch schon zu Zeiten der DDR so, damals allerdings unter anderen politischen Vorzeichen als im Westen. Die Autoren erzählen unbekannte Alltagsgeschichte(n) von Hobbyindianern, die sich mit dem antiimperialistischen Befreiungskampf der nordamerikanischen Ureinwohner identifizierten, und von sozialistischen Cowboys, die sich als »Landproletariat« legitimierten. Die historische Reportage über das Leben im »Reservat DDR« reicht bis in die Gegenwart und bietet Einblicke in die aktuelle Verfaßtheit Ostdeutschlands.

Friedrich von Borries, geboren 1974, ist Architekt. Jens-Uwe Fischer, geboren 1977, ist Historiker und Politologe. Beide leben in Berlin.

Friedrich von Borries
Jens-Uwe Fischer

Sozialistische Cowboys

Der Wilde Westen
Ostdeutschlands

Suhrkamp

edition suhrkamp 2528
Erste Auflage 2008
© Suhrkamp Verlag Frankfurt am Main 2008
Originalausgabe
Alle Rechte vorbehalten, insbesondere das
der Übersetzung, des öffentlichen Vortrags sowie der
Übertragung durch Rundfunk und Fernsehen,
auch einzelner Teile.
Kein Teil des Werkes darf in irgendeiner Form
(durch Fotografie, Mikrofilm oder andere Verfahren)
ohne schriftliche Genehmigung des Verlages reproduziert
oder unter Verwendung elektronischer Systeme
verarbeitet, vervielfältigt oder verbreitet werden.
Satz: Jung Crossmedia Publishing, Lahnau
Druck: Druckhaus Nomos, Sinzheim
Umschlag gestaltet nach einem Konzept
von Willy Fleckhaus: Rolf Staudt
Printed in Germany
ISBN 978-3-518-12528-1

1 2 3 4 5 6 – 13 12 11 10 09 08

Inhalt

Der Wilde Westen Ostdeutschlands 7

Rauchzeichen über Radebeul 13
Im Reservat 28
Echte Indianer sind Antiimperialisten 41
Ökos, Assis, Aussteiger 77
Country, Cowboy, Rebel Flag 103
Sicherheit im Zeltlager 126
Die große Freiheit 143
Goldrausch in blühenden Landschaften 160
High Noon mit der Staatssicherheit 178
Warten auf den Bürgerkrieg 189

Bildnachweise 203

Der Wilde Westen Ostdeutschlands

Sommer 2007, in der Nähe von Cottbus. Schon von Ferne hören wir dumpfes Trommeln, Stampfen und rhythmische Gesänge. Dann, am Rande des Dorfes, entdecken wir auf einer Wiese rund 300 Tipis, in der Mitte ist der Festplatz. Barbusige Frauen sitzen in offenen Zelten um eine Kochstelle herum. Kinder spielen, zwei Mädchen in indianischen Kostümen reiten vorbei. Am Waldrand proben etwa 50 Leute einen Tanz. Sie tragen aufwendig gefertigte Gewänder, Mokassins und Federn im Haar. Im äußersten Zeltkreis haben Händler ihre Stände aufgeschlagen, sie verkaufen Felle, mit überlieferten Techniken gefärbte Tücher, Bücher und Schmuck. Bratwürstchen gibt es keine, wir sind schließlich auf der Indian Week.

Auf der Week treffen sich seit 1973 jährlich die ostdeutschen Indianerfreunde oder genauer: die Indianisten. Auch in diesem Jahr wollen wieder über 700 Menschen eine Woche lang leben und feiern wie die Ureinwohner Nordamerikas vor 150 Jahren. Wir tragen keine »Klamotte«, wie die indianischen Trachten in der Szene heißen, sondern Jeans und T-Shirts. »Nu, Zivilisten«, ruft man uns zur Begrüßung zu, »ihr seid wohl neu im Hobby?«

Wie beinahe überall auf der Welt steht – und stand – der »Wilde Westen« auch in Ostdeutschland für Freiheit, Weite und Abenteuer. Hier hat die Indianerbegeisterung wie in ganz Deutschland eine lange Tradition. Seit den großen Auswanderungswellen waren die Prärie- und Waldgebiete Nordamerikas ein Raum, in den Träume von einem besseren Leben projiziert wurden.[1] Ende des 19. Jahrhunderts kamen dann die ersten Kundschafter aus der Neuen Welt nach Europa. Buffalo Bill beeindruckte Tausende mit seinen Wildwest-Shows, später reiste der Zirkus Sarrasani mit Aufführungen von »echten« Indianern durchs Kaiserreich.[2] Millionen lasen die Romane von Karl May, und bald entstanden die ersten Vereine, die sich mit dem Leben der Cowboys und Indianer beschäftigten.

Diese Faszination wurde durch den Nationalsozialismus und den Zweiten Weltkrieg nicht gebrochen.[3] Doch was im Westen ein Hobby unter vielen war, hatte im Osten eine ganz andere Dimension, schließlich bedeutete »Wilder Westen« im Realsozialismus vor allem eins: Amerika. Dort herrschte der »imperialistische Klassenfeind«, und so gerieten die Cowboys und Indianer der DDR in das spannungsgeladene Feld der politischen Symbolik.

Gegen alle politischen Widerstände entwickelte sich in Ostdeutschland ab den frühen fünfziger Jahren eine Szene begeisterter Indianer und Cowboys. Zumindest die »Indianisten« erhielten nach dem Bau der Berliner Mauer eine offizielle Legitimation und eine Funktion beim Aufbau des Sozialismus: Sie repräsentierten die Opfer des US-Imperialismus und trugen so zur sozialistischen Bildungsarbeit bei. In dieser Zeit begann die DEFA, ideologisch korrekte »Indianerfilme« zu produzieren, und die Indianerbegeisterung entwickelte sich zu einem Massenphänomen. Viele tausend DDR-Bürger widmeten sich in ihrer Freizeit dem neuen sozialistischen Hobby. Als in der BRD in den siebziger Jahren die Umwelt- und Friedensbewegung entstand, bot die Indianerszene Aussteigern einen kulturellen Freiraum im Sozialismus. Neben den Indianern gab es in der DDR immer auch Cowboys, die ihr Hobby aber lange im verborgenen pflegen mußten, bis sie als Repräsentanten des amerikanischen Landproletariats eine eigenständige Legitimation fanden.

Cowboy-und-Indianer-Spielen war in der DDR also viel mehr als eine extravagante Freizeitbeschäftigung. In diesem Milieu spiegelten sich die kulturellen und politischen Besonderheiten des SED-Staats: Die Wildwest-Fans wurden von der Stasi überwacht und unterwandert, sie waren staatlichen Repressionen ausgesetzt, wurden jedoch auch gefördert und politisch instrumentalisiert. Der »Wilde Westen« in Ostdeutschland zeugt von der Zerrissenheit zwischen Widerständigkeit gegen die Diktatur,[4] Anpassung an das System und Begeisterung für den Sozialismus.

Wir, zur Wende noch Teenager, der eine im Westen, der andere im Osten, wollen herausfinden, wie das Leben im »Reservat DDR« wirklich war. Uns geht es nicht um die historische Aufarbeitung der Westernszene, auch Ostalgie wollen wir nicht betreiben – wir wollen Ostdeutschland verstehen. Deshalb blicken wir zurück auf eine Nische der Alltagskultur, einen Mikrokosmos der DDR: sozial heterogen, mit großer personeller Kontinuität, inhaltlicher Ausdifferenzierung und hoher politischer Aufladung. Deshalb sind wir durch die »ganze Republik« gereist, vom Erzgebirge an die Ostsee und von Hoyerswerda nach Magdeburg. Wir besuchten die großen Häuptlinge, sprachen mit Trappern, Westernreitern und Revolverhelden des »Wilden Ostens«.

Die Geschichte der Indianisten im Osten Deutschlands endet nicht mit dem Untergang des real existierenden Sozialismus. Nach der Wende konnten sich viele Hobbyindianer ihren großen Traum erfüllen: eine Reise nach Nordamerika. Leider entpuppte sich dieses verheißene Land für viele als große Enttäuschung – genau wie die Versprechen der Marktwirtschaft in der Heimat. In den Worten der großen ostdeutschen Countrysängerin Gudrun Lange: »Die große Freiheit ist nicht das Glück für alle.« Aus dem »roten Reservat« wurde ein Eldorado für Kapitalisten. Aber die Steppen begannen nicht zu blühen, und so zogen die Trecks der Arbeitsuchenden gen Westen. Die daheim gebliebenen Indianisten und Westernfreunde versuchen, das Hobby zum Beruf zu machen: Überall in Ostdeutschland entstehen Steakhäuser, Saloons und Westernparks, auf Industriebrachen weiden Bisonherden. Die meisten dieser privaten Initiativen scheitern, in der Szene herrscht heute die große Depression. Viele ehemalige Indianer und Cowboys widmen sich einer neuen Facette des Hobbys: dem *reenactment*. Unter der Rebel Flag der Konföderierten stellen sie die großen Schlachten des Amerikanischen Bürgerkriegs nach.

Anmerkungen

1 Europäische Auswanderung nach Nordamerika gab es seit dem 17. Jahrhundert. Im 19. Jahrhundert wanderten ungefähr 5,5 Millionen Deutsche nach Nordamerika aus (vgl. dazu: Helbich, Wolfgang, »*Alle Menschen sind dort gleich ...*«. *Die deutsche Amerika-Auswanderung im 19. und 20. Jahrhundert*, Düsseldorf 1988).

2 »Buffalo Bill's Wild West«-Show startete im April 1890 eine erste Deutschland-Tournee. Bereits ein Jahr zuvor war Doc Carver in Deutschland unterwegs gewesen. Zum Themenkomplex Völkerschauen, Wildwest-Shows und Verbreitung der Westernbegeisterung ab dem Kaiserreich vgl. Dreesbach, Anne, *Gezähmte Wilde. Die Zurschaustellung* »*exotischer*« *Menschen in Deutschland 1870-1940*, Frankfurt am Main 2005; Kocks, Katinka, *Indianer im Kaiserreich. Völkerschauen und Wild West Shows zwischen 1880 und 1914*, Gerolzhofen 2004; Bancel, Nicolas/Blanchard, Pascal/Lemaire, Sandrine, »Ein sozialdarwinistisches Disneyland. Menschenzoos als Instrument der Kolonialpropaganda«, in: *Le Monde diplomatique* Nr. 8

(2000), S. 16 f.; Kort, Pamela/Hollein, Max (Hg.), *I LIKE AMERICA. Fiktionen des Wilden Westens*, Frankfurt am Main u. a. 2006, insb. S. 230-247; Warren, Louis S., *Buffalo Bill's America. William Cody and the Wild West Show*, New York 2005.

3 Im Dritten Reich wurden die Indianer zur Verbreitung der »deutschen Haltung« unter den Jugendlichen instrumentalisiert. Neben den Indianerbüchern Karl Mays, dem auch die ab 1937 stattfindenden Karl May-Festspiele der Hitlerjugend auf der Felsenbühne Rathen gewidmet waren, entstand im Nationalsozialismus eine spezifische NS-Indianerliteratur, u. a. die achtbändige *Tecumseh*-Reihe (1930-39) von Fritz Steuben (Erhard Wittek) und *Das Grenzerbuch* von Friedrich von Gagern (1927) (vgl. Haible, Barbara, *Indianer im Dienste der NS-Ideologie. Untersuchungen zur Funktion von Jugendbüchern über nordamerikanische Indianer im Nationalsozialismus*, Hamburg 1998; Zaremba, Michael, *Billy Jenkins – Mensch und Legende. Ein Artistenleben*, Husum 2000).

4 »Widerständigkeit« im Sinne von »Resistenz« (vgl. Broszat, Martin, »Resistenz und Widerstand. Eine Zwischenbilanz des Forschungsprojektes«, in: ders./Fröhlich, Elke/Grossmann, Anton [Hg.], *Bayern in der NS-Zeit*, Bd. IV, S. 691-709). Den Begriff »Resistenz« hat die Enquete-Kommission des Deutschen Bundestages zur Aufarbeitung von Geschichte und Folgen der SED-Diktatur in Deutschland übernommen.

Rauchzeichen über Radebeul

Wir fahren nach Stetson City, der Westernstadt in Radebeul. Im Elbtal, unweit von Dresden, liegt das Herz der ostdeutschen Wildwest-Romantik. Hier lebte Karl May von 1895 bis zu seinem Tod im Jahr 1912. Seine »Villa Shatterhand« sowie die benachbarte »Villa Bärenfett« beherbergen heute das Karl-May-Museum, eine Pilgerstätte für Winnetou- und Old-Shatterhand-Fans aus aller Welt. Doch Radebeul ist mehr als Karl May, Radebeul ist zugleich die Heimat von Old Manitou, dem ersten Indianistikklub der DDR. 1956 gegründet, war er über viele Jahrzehnte die Anlaufstelle für ostdeutsche Westernfreunde.

Stetson City liegt außerhalb der Ortschaft am Waldrand. Fremde haben normalerweise keinen Zutritt, schließlich ist die kleine Siedlung das Klubgelände von Old Manitou, in den späten siebziger Jahren in mühevoller Eigenarbeit selbst gebaut. Die notwendigen Materialien zu beschaffen, war nicht einfach, aber eine eigene Westernstadt war der Stolz jedes Indianistikklubs, also wurden keine Mühen gescheut.

Das Eingangstor ist aus Brettern und Pfählen gezimmert, der Schriftzug »Stetson City« in Westernlettern aufs Holz gemalt. Tipistangen lehnen am Gatter, zwischen den Pinien stehen Holzhütten, die Datschen tragen Namen wie »Sheriff's Office«, »Red Light District« und »Justice of Peace«. Jedes Mitglied hat sein eigenes Häuschen, man verbringt dort den Feierabend und das Wochenende. Am Ende der

»Mainstreet« liegt eine große Wiese, der »Council Place«, an dem auch der »Saloon« steht.

Wir sind mit Lone Bull, Red Mokassin und Crow Chief verabredet. Lone Bull, ein Mann um die 70, ist das älteste lebende Mitglied, er war von Anfang an dabei. Wir kennen uns bereits, vor fast einem Jahr haben wir mit ihm auf der Feier zum fünfzigjährigen Bestehen von Old Manitou gesprochen. In schillernden Farben hatte er von der Indian Week erzählt, auf der es rein indianisch zugehe, man endlich einmal unter sich sei und »eine Woche lang mal keine Türken sieht«. Auch Crow Chief sind wir schon einmal begegnet. Sein Vater war Mitglied im Manitou-Club von 1930, damals, wie es bei Old Manitou heißt, »vor der schlimmen Zeit«. Er ist das Gedächtnis des Vereins. Red Mokassin, auch er über 60 Jahre alt, ist der aktuelle Häuptling.

»Was wollen Sie eigentlich wissen?« fragt Lone Bull und guckt uns mit leicht skeptischem, aber auch unsicherem Blick an. »Es ist doch schon alles gesagt und geschrieben worden über uns.« Er blickt in die Runde, und Crow Chief nickt zustimmend. Red Mokassin schaut unter seinem dunklen Stetson ins Leere. »Laßt uns reingehen«, sagt Lone Bull, als es anfängt zu regnen. Im Saloon hängen überall Erinnerungsstücke aus der über fünfzigjährigen Geschichte der Gruppe: Fotos, Zeitungsartikel, Felle, über dem Kamin ist ein Elchkopf angebracht. Red Mokassin hat aus seiner Hütte frischen Filterkaffee und Kaffeeweißer geholt, Lone Bull packt seine Aktentasche auf den Tisch. Langsam kramt er alte Zeitungsartikel in Klarsichthüllen hervor, eine Ausgabe der Klubzeitung *Stetson City Tribune* und selbstgemachte indianische Perlenstickereien. Doch die drei wollen uns nichts über das Indianerleben in der DDR und die Gründung des Klubs erzählen.

Die Vergangenheit solle man ruhen lassen, murrt Lone Bull, »wichtig ist doch die Beschäftigung mit den Prärie-indianern des 19. Jahrhunderts«. Old Manitou hat sich »die Schokoladenseite des Indianerlebens ausgesucht«. An den heute in Nordamerika lebenden Indianern ist man nicht interessiert: »Die sind nicht richtig indianisch und hausen schlimmer als die Zigeuner in der Tschechei.« Wer das »echte« indianische Leben kennenlernen wolle, der solle besser nach Radebeul kommen.

Powder Face

Dresden, 1951. Johannes Hüttner alias Powder Face kehrt nach sieben Jahren Kriegsgefangenschaft in seine Heimat zurück. 1914 geboren, meldete er sich 1935 freiwillig zur Wehrmacht, 1939 mußte er an die Front, drei Jahre später geriet er in Stalingrad in sowjetische Gefangenschaft. Als er zurückkehrt, ist nichts wie vorher: Die Stadt ist zerstört, seine Frau hat einen anderen, der alte Indian- und Cow-boyclub Manitou zu Dresden von 1930 existiert nicht mehr. Die Wurzeln, die teilweise bis in die Kaiserzeit zu-rückreichen, scheinen verloren.
Schon gegen Ende des 19. Jahrhunderts hatten sich die Deutschen für die »edlen Wilden« begeistert. »Neger«, »Eskimos« und »Indianer« standen für ein idealisiertes, na-turnahes Leben jenseits der Zumutungen der »abstrakten« Welt der Moderne. Auf Jahrmärkten, in Tierparks und Zir-kussen waren die sogenannten »Völkerschauen«, das Zur-schaustellen von »exotischen« Menschen, ein regelmäßiger Programmpunkt. Doch die »Neger«, mit denen Schausteller durchs Deutsche Reich zogen, galten bald als langwei-

lig. Viel aufregender war da der Wilde Westen, den viele aus Briefen von Auswanderern und Reiseberichten wie der *Reise in das Innere Nordamerikas* von Maximilian Prinz zu Wied (1832-34) kannten. Auch James Fenimore Coopers *Lederstrumpf*-Erzählungen (1823-41) erfreuten sich großer Beliebtheit. Als die Show »Buffalo Bill's Wild West« 1890 zum ersten Mal nach Deutschland kam, begeisterte sie mit 800 Darstellern und 500 Tieren sofort das Publikum.[1] Auch Carl Hagenbecks Tierpark in Hamburg und die großen Zirkusunternehmen Busch und Sarrasani sowie unzählige kleinere Schausteller zeigten Indianer aus Nordamerika. 1906 präsentierte Hans Stosch-Sarrasani, der seit Beginn des 20. Jahrhunderts in Radebeul lebte, seinen Zuschauern den Indianer Black Elk und dann 1913 in seinem großen Dresdner Zirkusgebäude eine ganze Gruppe von Sioux. Deren Häuptling Edward Two-Two verstarb 1914 während der anschließenden Tournee und wurde auf dem Katholischen Friedhof von Dresden begraben. Noch heute führen alte Indianerfreunde dort an seinem Todestag den »Indian Day«, eine Gedenkfeier mit traditionellen Ritualen zur Gräberehrung, durch.

Powder Face war von Kindheit an vom Wilden Westen fasziniert. Als er zwölf Jahre alt ist, kommt 1926 Sarrasani mit einer großen Gruppe von Indianern in die Stadt. Im *Radebeuler Tageblatt* heißt es über die Sioux, sie seien »herrlich gewachsene Gestalten, [...] die einzigen echten Indianer, die zur Zeit außerhalb Amerikas leben [...], mit lederartiger rotbrauner Haut, die sie zu bemalen pflegen«.[2] Das Publikum ist begeistert, endlich kann man die Helden aus den Winnetou-Büchern in der Realität bewundern. Als dann zwei Jahre später in Radebeul das Karl-May-Museum eröffnet wird, besucht Hüttner dort fast jeden Sonntagnachmittag dessen Verwalter Patty Frank.[3] Über die »Villa Shatterhand« schreiben die *Dresdner Nachrichten* schon 1927, in allen Ecken »drängen sich ganze Stapel von bemalten Tierfellen [...] und indianischen Kriegsinsignien«.[4] Stolz und in voller Westernmontur führt er die Neugierigen durch die Ausstellungsräume, zeigt ihnen indianische Waffen und Trachten. Den Höhepunkt stellt seine Skalpsammlung dar, Frank besitzt mehr Skalps als sämtliche deutschen Museen zusammen. Natürlich erzählt er den Jugendlichen von seinen Erlebnissen als Pferdejunge von Buffalo Bill und von seinen Amerikareisen, vom Cowboy John Nelson, den Indianern Blackheart und Short Bull, dem Leben der Menschen in den Great Plains und von seinem ersten Skalp.

Von Frank erfahren Hüttner und seine Freunde auch vom 1913 in München gegründeten Cowboyclub und den beiden Freiburger Vereinen Cowboy Club Buffalo (1919) und Wild-West (1921). Die Jungs sind begeistert, 1930 gründen sie den Indian- und Cowboyclub Manitou zu Dresden. Über viele Jahre widmen sie sich ihrem Hobby, üben Lassotricks und Tomahawkwerfen und absolvieren ihre ersten Auftritte. 1937 fahren alle gemeinsam zu den ersten Karl-May-Festspielen, die die Hitlerjugend auf der Felsenbühne Rathen in der Sächsischen Schweiz ausrichtet. Im Oktober desselben Jahres treffen sie sogar »echte« Seneca-Irokesen, die der Zirkus Sarrasani in Radebeul präsentiert. Als die meisten Mitglieder 1939 in den Krieg ziehen, kommt das Klubleben zum Erliegen. Doch erst am 3. Februar 1945, so berichten Lone Bull, Crow Chief und Red Mokassin, hört der Klub endgültig auf zu existieren: Während des großen Luftangriffs auf Dresden verbrennt die gesamte Indianerausrüstung.

Nach seiner Heimkehr aus der Gefangenschaft läßt Johannes Hüttner sich scheiden. Er lernt Brigitte kennen, die beiden heiraten und gründen eine Familie. Brigitte will eigentlich in den Westen, sie hat dort Verwandte und befürchtet, daß Hüttner als ehemaliger Wehrmachtsoffizier in der DDR ohnehin keine Chance hat. Hüttner will bleiben, nicht wegen, sondern trotz des neuen Staates. Er hat schon vor dem Krieg eine eigene Drogerie aufgebaut, die er jetzt fortführt. Doch ihn hält noch etwas anderes in Radebeul: die Liebe zu den Indianern.

Karl Marx statt Karl May

Die Ausgangsposition für die selbsternannten Erben Karl Mays ist im Osten Deutschlands allerdings alles andere als ideal. May, im sächsischen Hohenstein-Ernstthal geboren und in Radebeul gestorben, gehört zwar zum Kulturerbe der Region, doch der bis heute weltweit übersetzte und mit einer Auflage von ungefähr 100 Millionen Exemplaren überaus viel gelesene deutschsprachige Autor ist in der jungen DDR verpönt.[5] Schon im November 1945 beginnen die ersten ideologischen Diskussionen darüber, ob er zu dem neuen, sozialistischen Bildungsprogramm paßt. Als den »übelsten literarischen Giftmischer« bezeichnet ihn damals ein Stadtbibliothekar aus Meißen in der *Dresdner Volksstimme*, als einen

>»Vertreter des Herrenmenschentums, [...] dessen Schriften geradezu verheerend auf die leicht beeinflußbare Jugend gewirkt haben. [...] War ja der eitle, krankhaft bramarbasierende, sich in den Romanhelden rohe-

ster Kampfhandlungen rühmende Karl May des un-
reifen, ebenfalls kriminell angekränkelten Adolf Hitlers
Lieblingsschriftsteller, die beide, nicht laut und nicht
häufig genug sich edelsten Deutschtums und absoluter
Wahrhaftigkeit und Treue rühmend, gleichzeitig in bun-
tem Wechsel Verrat und Lüge verherrlichten. Gleiche
Brüder, gleiche Kappen! Adolf Hitler, der Karl-May-
Deutsche!«[6]

Die Mehrheit der Kulturfunktionäre lehnt den Autor ab,
denn seine Schriften seien von Chauvinismus und Rassismus geprägt. In der Zeitung *Die Union* schrieb der Dresdner Stadtrat Rentsch, »daß die NS-Wachmannschaften aus
den Karl-May-Schilderungen die Anweisungen für ihre
Verbrechen genommen« hätten.[7] Und die Zeitschrift *Urania* konstatiert, es sei »auf keinen Fall zu rechtfertigen«,
wenn man Papier, Geld und Arbeitskraft in den Neudruck
seiner Werke investiere.[8] In der *Berliner Zeitung* heißt es
über Karl May, er »sei ein Wegbereiter faschistischer Gesinnung gewesen. Seine superdeutschen Supermänner [...]
erzögen die Jugend zu einer unhumanistischen, barbari-
schen Gesinnung«.[9]
Zwar sind seine Schriften in der Sowjetischen Besatzungs-
zone und später in der DDR zu keiner Zeit verboten, sie
werden dort allerdings weder verkauft noch neu verlegt,
aus den meisten Leihbüchereien werden sie entfernt. Der
in Radebeul ansässige Karl-May-Verlag verteilt lediglich
Auslandslizenzen.[10] Als sich im Mai 1956 auf Einladung
des Verlages *Neues Leben* Literaturwissenschaftler, Verle-
ger, Lektoren und Schriftsteller zu Diskussionen über eine
mögliche Wiederauflage der Werke Mays treffen, sind sich
laut eines Berichts der Berliner Zeitung *Der Morgen* alle

Beteiligten einig, »daß seine Erzählungen in der vorliegenden Form nicht zur Veröffentlichung geeignet sind, sondern einer gründlichen Überarbeitung bedürfen«.[11] Weiter heißt es dort: »Die stilistischen und ideologischen Schwächen« verlangen eine »unbedingte Ablehnung des Schriftstellers und seiner Werke«.[12] Seine wenigen Verteidiger halten dem entgegen, daß »gegenwärtig ein unbestreitbarer Mangel an Jugendbüchern mit ausreichendem Spannungsgehalt«[13] herrsche. Auf einer weiteren Tagung im November 1956 spricht das Ministerium für Kultur zwar kein offizielles Verbot aus, die Herausgabe »von Karl May-Büchern [dürfe jedoch] nicht dazu führen, daß dadurch eine Papierverknappung für wirklich wertvolle Jugendliteratur eintreten könnte«.[14]

Schließlich wird 1956 das Karl-May-Museum in Indianermuseum umbenannt, die Exponate zu General Custer und Buffalo Bill verschwinden aus der Ausstellung. Mit Wildwest-Romantik und Indianermördern will man in der DDR nichts zu tun haben. Die Radebeuler Karl-May-Straße wird in Hölderlinstraße umbenannt, 1960 zieht der Verlag nach der Trennung von der Stiftung nach Bamberg. Ein 64seitiger Auszug, der 1958 im Verlag Kultur und Fortschritt erscheint, bleibt bis in die achtziger Jahre die einzige Publikation von Karl Mays Werken für den DDR-Markt.[15] »Karl May wurde totgeschwiegen«, resümiert René Wagner, seit 1986 Direktor des Karl-May-Museums, »und Totschweigen ist manchmal schlimmer als verbieten.«

Trotz dieser widrigen Bedingungen möchte Powder Face sich seinem Hobby widmen und seinen alten Verein wieder zum Leben erwecken. Allerdings sind viele alte Weggefährten tot, andere wollen nicht »noch mal bei Null anfangen, nachdem die gesamte Tracht verbrannt ist«. Sie haben andere Sorgen, so kurz nach dem Krieg: Arbeit, Essen, ein Dach überm Kopf. Und sie suchen nach ihrem Platz in der neuen, sozialistischen Gesellschaft.

In der Zwischenzeit ist in Radebeul eine neue Generation Indianerbegeisterter herangewachsen. White Bull, Jimmy Jenkins und andere treffen sich in Gaststätten, Hinterzimmern oder dem Museum, auch Hüttners Drogerie wird für sie zu einem Anlaufpunkt. Diese losen, unregelmäßigen Treffen sind Powder Face aber nicht genug, er will wieder einen richtigen, offiziellen Klub. Schließlich sind in der stalinistisch geprägten DDR der frühen fünfziger Jahre alle kulturellen Aktivitäten verdächtig, die sich nicht direkt dem Aufbau des Sozialismus widmen und nicht von den Organen des Staates und der SED organisiert oder zumindest anerkannt sind. Der Staat vermutet überall »oppositionelle Tätigkeit« und führt Straftatbestände wie »Boykotthetze« und später »illegale Zusammenrottung« ein, die zur Verfolgung politisch Andersdenkender eingesetzt werden.[16] Die Indianerfreunde um Powder Face brauchen eine sogenannte »Registrierung«, über die Funktionäre auf Kreis- und Kommunalebene entscheiden. Das bürgerliche Rechtsinstitut des eingetragenen Vereins gibt es in der DDR nicht. Die entscheidende Voraussetzung für die erfolgreiche Registrierung ist ein politisch konformer Träger: ein Volkseigener Betrieb (VEB), ein staatliches Kulturhaus oder die Freie Deutsche Jugend (FDJ). Mehrmals spricht Hüttner bei staatlichen Stellen vor, auf große Gegenliebe stößt sein Anliegen nicht. Legendär ist unter den alten Indianerfreunden von Old Manitou die Geschichte eines Kulturfunktionärs, der Hüttner vorschlägt, sich auf sibirische Felljäger statt auf Indianer zu konzentrieren; die hätten schließlich so etwas ähnliches wie Tipis. Die Völker der Sowjetunion waren in der frühen DDR ein politisch wesentlich opportuneres Thema als die Ureinwohner der USA. Doch Hüttner bleibt stur: Er will wieder einen Indianerklub.

Wie Hüttner die bürokratischen Hürden schließlich überwand, läßt sich heute nicht mehr genau rekonstruieren. Auf jeden Fall gelang es Hüttner, den Volkseigenen Betrieb Zentrales Projektierungsbüro für Glas- und Keramik davon zu überzeugen, die Trägerschaft für seine Gruppe zu übernehmen. Im April 1956 konnte er endlich eine »Volkskunstgruppe« gründen, und wenig später, am 26. April, registrierte das Kreiskulturkabinett Radebeul offiziell die »Kulturgruppe für Indianistik«. Powder Face ist am Ziel: Er ist der erste Häuptling der DDR.

Die Indianerschau im Dresdner Zoo

Auch wenn oder gerade weil die meisten Mitglieder der »Kulturgruppe für Indianistik ›Old Manitou‹« keine Sozialisten sind, wollen sie ihre gesellschaftliche Nützlichkeit unter Beweis stellen. Schließlich müssen sie sich mit dem politischen System arrangieren. Schon am 1. Mai 1956, also nur fünf Tage nach der staatlichen Anerkennung, tritt die Gruppe in voller Montur bei den Feierlichkeiten zum »Internationalen Kampftag der Werktätigen« ihres Trägerbetriebs auf. Kurz darauf beginnen die Vorbereitungen zum ersten Großprojekt: einer Indianerschau im Dresdner Zoo. Darüber berichten die Mitglieder nicht ohne Stolz 1957 ihren westdeutschen Westernfreunden in deren Zeitschrift *Dakota Scout*:

> »In Vereinbarung mit der Zoo-Direktion zeigte man vom 20. Mai bis 30. September 1956 unentgeltlich in 55 Vorstellungen mit unverwüstlichem Heroismus Lasso- und Peitschenarbeiten, Bolatricks, Bogenschießen, Messerwerfen und Reiten und außerdem auf einem Ranch-Gelände Lagerleben, Tipis und Kostüme [...].«[17]

Diese Form der Öffentlichkeits- und Kulturarbeit gehört zum Selbstverständnis von Old Manitou. Die Indianisten wollen nicht im stillen Kämmerlein Indianer sein, sondern auf der großen Bühne. Sie führen damit die deutsche Kolonialtradition der Menschenschau fort. Da »echte« Indianer in der sozialistischen Mangelwirtschaft nur äußerst selten im Angebot sind, springen die Freizeitrothäute aus Radebeul ein. In der an ausgefallenen Unterhaltungsangeboten armen DDR der späten fünfziger Jahre sind die Shows von Old Manitou so erfolgreich, daß sie sogar eine kleine Tournee durch die ganze Republik antreten. Ein politisch-symbolischer Tauschhandel: Die Indianisten erhalten ein bißchen Freiraum für ihr exotisches Hobby, dem Staat geben sie im Gegenzug ein wenig exotischen Glanz.

Anmerkungen

1 Carl Hagenbeck, dessen Hauptgeschäft der Handel mit exotischen Tieren war und der seit den siebziger Jahren des 19. Jahrhunderts Schauen mit Samoanern, Lappen bzw. Nubiern organisiert hatte, holte 1885 erstmals eine Gruppe von Nordwestküsten-Indianern in seinen Tierpark und präsentierte die neuen »Attraktionen« einem Massenpublikum. Hagenbecks Schau wanderte 1885/86 durch eine Vielzahl deutscher Städte (vgl. dazu: Dreesbach, a. a. O., S. 43 ff.).

2 *Radebeuler Tageblatt* vom 4. und 10. Februar 1926.

3 Sein bürgerlicher Name war Ernst Tobis. Er wurde 1876 in Wien geboren und starb 1959 in Radebeul.

4 Stenzel, A. F., »Im Wigwam Old Shatterhands«, in: *Dresdner Nachrichten* vom 13. Februar 1927.

5 Vgl. Heermann, Christian, *Old Shatterhand ritt nicht im Auftrag der Arbeiterklasse*, Dessau 1995, hier S. 143-161.

6 Vgl. Naumann, Franz, »Ein Wort zur Jugendschriftenpflege«, in: *Dresdner Volksstimme* vom 4./5. November 1945.

7 Rentsch, »Wer hat was gegen Winnetou?«, in: *Die Union* (Dresden) vom 9. August 1947.

8 Steiner, Gerhard, »Vielleicht hat es doch geschadet«, in: *Urania* vom 12. November 1949, S. 12.

9 Bronnen, Arnolt, »Karl May. Leser und Lästerer«, in: *Berliner Zeitung* vom 18. Oktober 1956.

10 Vgl. Anweisung des Ministeriums für Volksbildung zur Einrichtung von Jugend- und Kinderbuchabteilungen vom 7. Juli 1950. Darin heißt es: »4. Alle Bücher minderwertigen Inhalts, unechter und kitschiger Erlebnisschilderungen oder heroisierte Lebensbilder, [...] sowie alle Kriminal- und Wildwestschmöker im Stile Karl Mays und anderer« sind zu entfernen (zitiert nach Bönisch, Jörg-M., »Über das Schicksal von Karl May-Büchern in DDR-Bibliotheken«, in: *Mitteilungen der Karl May-Gesellschaft* (KMG) Nr. 89 (1991), S. 63).

11 O. V., »Für und wider Karl May«, in: *Der Morgen* (Berlin) vom 19. Mai 1956.

12 Sielaff, Erich, »Karl May, sein Leben und seine Bücher«, in: *Der Morgen* vom 19. Mai 1956.

13 Ebd.

14 O. V., »Karl May. Diskussion, aber kein Verbot«, in: *Berliner Zeitung* vom 4. Dezember 1956.

15 Erst ab 1982 werden die Bücher Karl Mays wiederaufgelegt. Noch im selben Jahr läuft zu Weihnachten der westdeutsche Film *Der Schatz im Silbersee* im Fernsehen der DDR, weitere folgen in den nächsten

Jahren. Selbst auf höchster politischer Ebene wird Karl May rehabilitiert: Mit dem ausdrücklichen Einverständnis von Erich Honecker und Egon Krenz wird 1985 das Radebeuler Indianermuseum in Karl-May-Museum rückbenannt. Doch diese kulturelle Öffnung ist nur vordergründig, denn gleichzeitig baut der SED-Staat sein Überwachungssystem aus. Wirkliche kulturelle und politische Freiheit gibt es nicht.

16 Vgl. Weber, Petra, *Justiz und Diktatur. Justizverwaltung und politische Strafjustiz in Thüringen 1945-1961*, München 2000, insb. S. 253 ff.; Raschka, Johannes, *Zwischen Überwachung und Repression. Politische Verfolgung in der DDR 1971 bis 1989*, Opladen 2001 sowie Markovits, Inga, *Gerechtigkeit in Lüritz. Eine ostdeutsche Rechtsgeschichte*, München 2006.
17 Tex, Nevada, »Die Bilanz des ersten Jahres«, in: *Dakota-Scout*, Nr. 68 (1957), zitiert nach *Stetson-City-Council* (Hg.), a. a. O., Radebeul 1996, S. 5.

Im Reservat

Mehr als 100 000 DDR-Bürger verlassen im ersten Halbjahr 1961 ihre Heimat. Am 15. Juni 1961 verkündet Walter Ulbricht, Erster Sekretär des ZK der SED und als Staatsratsvorsitzender das Staatsoberhaupt der DDR: »Niemand hat die Absicht, eine Mauer zu errichten.« Doch in den Sommermonaten spitzt sich die Entwicklung weiter zu, allein im Juli fliehen weitere 30 000 Menschen, in der ersten Augustwoche sind es bis zu 2000 am Tag. Der Ministerrat der DDR spricht von »Menschenraub« und »Menschenhandel«, am 11. August beschließt die Volkskammer, die Grenzen nach Westen abzuriegeln.[1] Erich Honecker, als Sekretär des Nationalen Verteidigungsrates unter anderem für Sicherheitsfragen zuständig, hat bereits die notwendigen Vorbereitungen getroffen. In den Folgemonaten wird in Berlin die Mauer errichtet, auch an der »Staatsgrenze West« werden die Kontrollen verschärft.

Die Indianerfreunde von Old Manitou können nicht mehr nach »drüben«, um ihre Kontakte zu den befreundeten Klubs in Freiburg und München sowie zum Bamberger Karl-May-Verlag zu pflegen. Seit dem Bau der Mauer können sie sich auf einer weiteren, symbolischen Ebene mit den amerikanischen Ureinwohnern identifizieren: »Die Indianer hatten eine ähnliche Ausgangslage wie wir; wir lebten in der DDR ja auch in einem Reservat«, erzählt Jochen von den Pipestones aus Dresden.

Die Indianisten wissen, daß sie sich im »Reservat DDR« anpassen müssen. Zumindest nach außen demonstrieren sie gesellschaftliches Engagement, damit sie in Ruhe ihrem Hobby nachgehen können. Wenn sie schon nicht in die weite Welt reisen dürfen, wollen sie sich diese wenigstens zu Hause schaffen. Die Indianer von Old Manitou finden erste Nachahmer: in Taucha bei Leipzig entsteht bereits 1958 der Mandan-Stamm Hiawatha, nach dem Bau der Mauer folgen die Dakota in Meißen (1961) und Sieben Ratsfeuer in Magdeburg (1963). Auch sie lassen sich als »Volkskunstkollektive« registrieren und treten mit Westernnummern auf. Alljährlich treffen sich die damals rund 150 aktiven Cowboy- und Indianerfreunde für ein langes Wochenende zum »Council«, auf dem in bester Wildwest-Tradition gefeiert wird.

Entwaffnung

Während des Council findet das »Chiefpalaver« statt, bei dem die Häuptlinge der einzelnen Gruppen ihr weiteres Vorgehen miteinander abstimmen. Ein großes Thema sind in den sechziger Jahren Schußwaffen. Denn auch wenn die erste DDR-Indianergeneration sich offiziell mit der Geschichte und Kultur der unterdrückten Völker Nordamerikas beschäftigt, widmet sie sich mit ebenso großer Begeisterung den Cowboys. Vor dem Hintergrund der sozialistischen Ideologie stellte dies eine schwerwiegende symbolische Grenzüberschreitung dar. Daß man sich unter dem Deckmantel der Völkerfreundschaft mit indianischem Brauchtum auseinandersetzen will, konnten »aufgeschlossene« Kulturfunktionäre in den frühen sechziger Jahren gerade noch nachvollziehen. Aber Cowboys, diese Schergen des US-Imperialismus? Das geht mitten im Kalten Krieg, zu Zeiten von Mauerbau und Kubakrise dann doch

zu weit. Die Cowboys müssen ihrem verdächtigen Treiben also im Verborgenen nachgehen, »wenn es dunkel wurde«, berichten uns die drei alten Krieger in Stetson City, »haben wir die Federhauben ab- und die Cowboyhüte aufgesetzt«. Für den Notfall gibt es plausible Ausreden: Man wolle sich eben abends im Saloon nicht die aufwendigen Perlenstickereien an der »Klamotte« kaputtmachen oder die Indianer nicht entehren, indem man in ihrer Kleidung »Feuerwasser« trinkt.

Die heimlichen Westernhelden brauchen Colts und Gewehre, und wer in der DDR Waffen will, muß sie selbst bauen. Old Manitou macht in den frühen sechziger Jahren den Anfang. Man besorgt Pläne und dreht an einer Werkbank sieben Rohlinge, die anschließend geschliffen, poliert und mit handgearbeiteten Holzgriffen versehen werden. In der Szene sind die sieben Radebeuler als »Die Glorreichen Sieben« bekannt.[2] Ausgestattet mit ihren stilechten 45ern, »also richtig schwere Knarren«, wie Lone Bull klarstellt, der als Cowboy auch Jack genannt wird, ballern sie auf Feten wild mit Platzpatronen um sich.

Zu besonderer Kennerschaft mit Westernwaffen bringt es Smoky vom Magdeburger Stamm der Sieben Ratsfeuer. Waffen seien damals eigentlich etwas ganz selbstverständliches gewesen, erzählt er. »Die lagen in den alten Flakstellungen rum, die der Amerikaner dilettantisch gesprengt hatte, und die Munition wurde in die Elbe gekippt, so daß wir sie bei niedrigem Wasserstand rausholen konnten. Als Kinder haben wir oft mit Handgranaten gefischt.« Aus einem Pappkarton holt Smoky zwei besondere Prachtstücke: einen 44er Colt und einen Peacemaker. »Als Indianer waren wir damals keine große Nummer«, sagt er, »aber dafür waren wir richtig gute Cowboys.«

Auch die Mandan in Taucha und die Dakota in Meißen bauten fleißig Waffen. Luftgewehre wurden zu Winchestergewehren umgearbeitet, aus alten preußischen Revolvern fertigte man stilechte Westerncolts. »Ein richtig gut ausgestatteter Cowboy war Kalle von den Mandan-Indianern. Der hatte eine Smith & Wesson und schöne Cowboystiefel, in die Spielkarten eingeprägt waren«, erinnert sich Smoky. Doch Kalles Spezialität waren die »Atompilze«, neun Millimeter Platzpatronen, die er öffnete und mit Blitzlichtpulver füllte. »Einmal saßen wir in Radebeul im Saloon«, erzählt Smoky. »Plötzlich kamen die Tauchaer zu dritt rein, zogen ihre Waffen und schossen jeder sechsmal in die Luft.« Und weil sie Kalles »Atompilze« geladen hatten, fing die Decke sofort an zu brennen.

Das wilde Hobbyleben konnte den Sicherheitsorganen kaum verborgen bleiben, und die schießwütigen Indianergruppen bekamen Ärger mit den Behörden. Ende 1965 entwaffnen Volkspolizisten der Abteilung Erlaubniswesen, also die Stasi, die Mitglieder von Old Manitou. Auch Smoky und die anderen Outlaws verlieren ihre Waffen. Gegen den Radebeuler Klub ermittelt die Stasi, und die Mitglieder müssen Belehrungen und »Aussprachen« über sich ergehen lassen. Aber nicht nur wegen der Waffen waren die frühen Indianerklubs dem Staatsapparat verdächtig. Bis in die siebziger Jahre wurden die älteren Mitglieder immer wieder ob ihrer Kriegsvergangenheit befragt. Die Nähe zu Karl May, die Liebe zu Waffen und die Begeisterung für Amerika war eine höchst verdächtige Mischung. So kam die Staatssicherheit zu der Auffassung, daß die Mitglieder von Old Manitou dem »gesellschaftlichen Leben [nicht nur] gleichgültig« gegenüberstehen, sondern »für negative Einwirkungen besonders empfänglich« sind.[3]

Vom falschen Weg zur richtigen Fährte

Das Programm ist also klar: Die Westernfreunde müssen vom falschen Weg auf die richtige, die »gute« Fährte gebracht werden. Tatsächlich sind bis auf Powder Face alle Häuptlinge der DDR SED-Mitglieder, die Dakota treten geschlossen in die FDJ ein, und die Tauchaer Mandan firmieren als »FDJ-Kulturgruppe für Indianistik«. Zusammen mit den Radebeulern drehen die Tauchaer in den sechziger Jahren den Stummfilm: *Vom falschen Weg zur guten Fährte*. Die Handlung des circa 15 minütigen Streifens ist nicht sonderlich komplex, die Aussage deutlich: Ein Jugendlicher sitzt auf einer Parkbank und liest in einem Heftchen. Er trägt hautenge Röhrenjeans und ein kariertes Westernhemd, die Haare sind mit Pomade zu einer Tolle frisiert; ein typischer »Rowdy«, der vermutlich sogar »Beatmusik« hört. Ein junger Mann mit Aktentasche schlendert vorüber und fragt den rauchenden Jugendlichen nach Feuer. Diesem fällt nun seine Lektüre aus der Hand, er versucht zwar, das Heft mit den Füßen zur Seite zu schieben, doch die Kamera zoomt auf die Titelseite: ein Groschenroman über den Wilden Westen. Der Fremde hebt das Westernheftchen auf und setzt sich zu dem irregeleiteten Cowboyfreund. Ein harter Schnitt, dann Szenen aus dem Leben eines Indianistikklubs: eine Gruppe junger Menschen in indianischer Kleidung, Tipis, handgefertigter Schmuck und Gebrauchsgegenstände sowie rituelle Tänze. Der Film endet mit einer Totale: Wir erkennen den jungen »Rowdy« wieder, nun allerdings in Indianerkluft. *Vom falschen Weg zur guten Fährte*: Er gehört nun zu den »Roten«, genau wie die Indianisten zur DDR.

Ausgezeichnete Volkskunstkollektive

Wie gesagt: Die ostdeutschen Westernhelden sollen sich gesellschaftlich einbringen und einen Beitrag zum Aufbau des Sozialismus leisten. Zusätzlich zur staatlichen Registrierung müssen sie sich daher einer »Einstufung« unterziehen, bei der die Behörden die künstlerische und politisch-ideologische Qualität ihrer Darbietungen überprüfen. Ausgehend von ihrem Auftritt im Dresdner Zoo entwickeln die Mitglieder von Old Manitou ausgefeilte Showprogramme. Jedes Wochenende absolvieren sie mehrere Auftritte. Für Veranstaltungen an Werktagen werden sie von der Arbeit freigestellt. Bald folgen die anderen Stämme ihrem Vorbild. Sind sie erstmal als Volkskunstkollektiv anerkannt, erhalten sie bis zu 600 Mark für eine Show, damals mehr als der Monatslohn eines Facharbeiters. Mit diesen Einnahmen kann so mancher Traum vom Wilden Westen erfüllt werden. Die Indianisten bauen sich eigene Westernstädte mit imposanten Saloons und Datschen im Blockhaus-Look.

Aus den Hobbyindianern werden richtige kleine Stars. Mit ihren Unterhaltungsprogrammen sind sie ein fester Bestandteil des kulturellen Lebens der DDR. Sie treten bei Volks-, Kinder- und Stadtfesten, bei zentralen Treffen der FDJ und der 750-Jahrfeier Berlins, bei Shows für ausländische Diplomaten, auf Pressefesten des *Neuen Deutschland* und am 1. Mai auf. Sie präsentieren sich allerdings nicht nur in der DDR, sie unterhalten auch die sozialistischen Brudervölker in der Volksrepublik Polen, der ČSSR und in der Ungarischen VR.

Eine wichtige Rolle nehmen dabei die in indianische Tänze eingebetteten Cowboynummern ein. Denn »direkt kribbe-

lig wird es erst«, notiert ein Reporter anläßlich eines Auf-
tritts der Meißener Dakota in Rostock, »wenn Cowboy
Tex mit der schweren mexikanischen Bullpeitsche knallt
oder einer seiner Kollegen per Spiegel seine Schießkünste
auf Luftballons hinter dem Rücken präsentiert«.[4]

Sogar Waffen gibt es also wieder. Schließlich brauchen die
Indianisten für ihre Aufführungen, die als »gesellschaftlich
wichtige Arbeit« gelten, die notwendige Ausrüstung. Radebeul und Meißen erhalten nach ihrer »Entwaffnung«
Zündplättchen-Revolver, die vom Zoll aus Paketsendun-
gen aus Westdeutschland eingezogen worden waren. Sieben Ratsfeuer aus Magdeburg, beim Deutschen Turn- und
Sportbund in der Sektion Bogenschießen registriert, erhält
fünf Pistolen aus der ČSSR mit dazugehöriger Munition.

So entstehen ab den späten sechziger Jahren relativ gute Beziehungen zwischen den Klubs und den Staats- und Sicherheitsorganen. Und mancher Westernheld rühmt sich noch
heute, daß seine private Waffensammlung aufgrund guter
Beziehungen zum Erlaubniswesen – sprich: der Stasi – zu-
standegekommen sei.

Die reaktionären Westernfreunde mit ihrer romantisch
verklärten, von Karl May inspirierten Cowboy- und Indianerwelt finden sich mit dem »Reservat DDR« ab und werden »normale«, angepaßte DDR-Bürger. Daß die Grenze
am 13. August 1961 dichtgemacht wurde, »das mußte man
eben akzeptieren«, meint Taps, seit 1958 Mitglied der Mandan Indianer in Taucha. »Natürlich hätte ich gerne mal die
Alpen gesehen. Aber ich habe mich mit dem zufriedenge-
geben, was wir hatten. Und in die Hohe Tatra zu fahren,
das hat mich auch fasziniert.«

Für ihre Leistungen beim Aufbau des sozialistischen Kul-
turlebens erhalten die Indianerfreunde eine Vielzahl von

Auszeichnungen: Aufbaumedaillen und -nadeln, Ehrungen für ihre Verdienste um das künstlerische Volksschaffen in der DDR, und man ernennt sie zu »Hervorragenden«, manche sogar zu »Ausgezeichneten Volkskunstkollektiven der DDR«.

Powder Face' Ende

Als seine indianische Stammesgemeinschaft sich immer besser in den Kulturbetrieb integrierte, ging Powder Face' Zeit als Häuptling zu Ende.

Sein Führungsstil habe nicht mehr in die Zeit gepaßt, erklärt Crow Chief: »Im sozialistischen Staat gab es keine Einzelwirtschaft, nicht mehr nur einen Häuptling, sondern einen Gruppenrat.« Powder Face habe immer wieder vom Krieg erzählt, berichtet Red Mokassin, »und zwar nicht gerade das, was das Schönste war«: Erschießungen, Massenvergewaltigungen und ähnliche Dinge. »Das Übliche halt.« Das habe die Gruppe allmählich genervt. Schlimmer noch: Powder Face erzählt auch Fremden seine Geschichten. »Und das«, schließt Red Mokassin, »war nicht gut für den Klub.« Powder Face war als Häuptling nicht länger tragbar.

Die Stasi habe bei der Absetzung ihres Mannes die Finger im Spiel gehabt, meint Powder Face' Witwe (er verstarb 2000). Denn spätestens seit der Beschlagnahme der Waffen und den darauf folgenden Disziplinierungen der Klubmitglieder durch die Volkspolizei, den Rat der Stadt und die Stasi sei auch dem letzten Indianer klar gewesen, daß Old Manitou überwacht werde. Und die Kontakte, die Powder Face zu Klubs und Einzelpersonen in der BRD und der Schweiz unterhielt, waren bei der Stasi unerwünscht. Außerdem gab es Gerüchte, erzählt Red Mokassin, wonach die tschechischen Westernfreunde, mit denen Old Manitou in guter Verbindung stand, am Prager Frühling beteiligt gewesen seien. Kontakt zu den tschechischen »Konterrevolutionären« war in der DDR nach dem sowjetischen Einmarsch in die ČSSR höchst gefährlich.

Wie die gesamte DDR war auch die Westernwelt vom totalitären Machtanspruch der Diktatur durchdrungen, und Old Manitou wollte im Fall Powder Face deshalb lieber auf Nummer Sicher gehen. 1968 setzt ihn sein Stamm ab.

Die neue Gruppenleitung rauchte trotzdem bald wieder die Friedenspfeife mit ihrem alten Häuptling. Als »Anerkennung hervorragender Verdienste um die Bildung und Erhaltung der Kulturgruppe für Indianistik Dresden«, so heißt es auf der entsprechenden Urkunde, verleiht ihm sein Stamm ein Jahr nach seiner Absetzung den Ehrentitel »Old Chief«.

Anmerkungen

1 Rede von Willi Stoph vor der Volkskammer. Online unter: ⟨http://www.chronik-der-mauer.de/index.php/de/Chronical/Detail/day/11/month/August/year/1961⟩ (Stand 29. 12. 2007). Beschluß des Ministerrates der DDR vom 13. August 1961 über Maßnahmen zur Sperrung der Sektorengrenze von Berlin, zitiert nach: Winkler, Heinrich August, *Der lange Weg nach Westen II. Deutsche Geschichte 1933-1990*, Bonn 2004.

2 Zwischen dem Mauerbau und dem 11. Plenum des ZK der SED (»Kahlschlag-Plenum«) im Jahre 1965 gab es eine relative Entspannung in der Kulturpolitik, und so lief der amerikanische Western »Die Glorreichen Sieben« (1960) im Jahre 1963 auch in den Kinos der DDR – wahrscheinlich die Inspirationsquelle für den Namen der Radebeuler Revolverhelden.

3 BStU, MfS, BV Dresden, AOP 1750/65, Bl. 000038.

4 S., J., »Das ›Kriegsbeil‹ gegen süßen Kitsch. Indianer und Cowboys im Arena-Theater/Indianer-Klub gegründet«, in: *Rostocker Neueste Nachrichten* vom 5. August 1969.

Echte Indianer sind Antiimperialisten

Im »Reservat DDR« bemüht sich die SED nach dem Mauerbau verstärkt, alle Bereiche des gesellschaftlichen Lebens zum Wohle der Menschen neu zu gestalten. Die Bürger sollen gute Sozialisten werden. Ab den sechziger Jahren wird zu diesem Zweck auch gezielt die Indianerbegeisterung genutzt.

Nachdem der Staat die ersten Klubs eher geduldet als umarmt hat, entdeckten die Offiziellen nun das klassenkämpferische Potential des Themas. Auf diese Idee hätte man eigentlich früher kommen können, denn schon Friedrich Engels lobte die Indianer in seiner Schrift *Der Ursprung der Familie, des Privateigentums und des Staats*. Über die Verfassung der Irokesen heißt es dort, sie sei

> »eine wunderbare Verfassung in all ihrer Kindlichkeit und Einfachheit. [...] Ohne Soldaten, Gendarmen und Polizisten, ohne Adel, Könige, Statthalter, Präfekten oder Richter, ohne Gefängnisse [...] geht alles seinen geregelten Gang. [...] Obwohl viel mehr gemeinsame Angelegenheiten vorhanden sind als jetzt – die Haushaltung ist einer Reihe von Familien gemein und kommunistisch [!], der Boden ist Stammesbesitz, nur die Gärtchen sind den Haushaltungen vorläufig zugewiesen –, so braucht man doch nicht eine Spur unsres weitläufigen und verwickelten Verwaltungsapparats. [...] Arme und Bedürftige kann es nicht geben – die kommunistische Haushaltung und die Gens kennen ihre Verpflichtungen gegen

Alte, Kranke und im Kriege Gelähmte. Alle sind gleich und frei – auch die Weiber. Für Sklaven ist noch kein Raum, für Unterjochung fremder Stämme in der Regel auch noch nicht. [...] Und welche Männer und Weiber eine solche Gesellschaft erzeugt, beweist die Bewunderung aller Weißen, die mit unverdorbnen Indianern zusammenkamen, vor der persönlichen Würde, Geradheit, Charakterstärke und Tapferkeit dieser Barbaren.«[1]

Gleichzeitig gelten die Indianer als Opfer der kapitalistischen Expansion auf dem amerikanischen Kontinent. Auch wenn sie ihren Kampf verloren, waren sie doch mutige Widerstandskämpfer, die ihr Volk erbittert gegen Kolonialismus und Imperialismus verteidigten. Die ideologische Aneignung des Wilden Westens schlägt sich in neuen Indianerbüchern und Indianerfilmen, der sozialistischen Variante des Westerns, nieder.

Vor diesem Hintergrund entwickelt sich nun eine eigene, DDR-spezifische Indianerkultur, die sich von der traditionellen, romantischen Westernbegeisterung unterscheidet. Die neue Generation der Indianisten ist in der DDR geboren und aufgewachsen, die Deutsche Demokratische Republik ist ihre Heimat. Und so schlägt sich die Wissenschaftsgläubigkeit des Sozialismus auch in den Indianerklubs nieder. Die Indianisten werden regelrechte Hobbyethnologen, eignen sich umfangreiches Wissen über die Kultur und Geschichte der nordamerikanischen Ureinwohner an und begeben sich auf die Suche nach »Authentizität«.

Die spektakulären Protestaktionen des 1968 gegründeten American Indian Movement, einer Bürgerrechtsorganisation der amerikanischen Ureinwohner, bieten der neuen

Indianistengeneration der DDR Anlaß für konkretes politisches Engagement: Solidarität. Sie wollen die »heute um
ihr Überleben kämpfenden Indianer im Gesamtkomplex
des antiimperialistischen Befreiungskampfes« betrachten,
schreibt etwa Hartmut, der Häuptling der Mohawks aus
Hohen-Neuendorf in der Abschlußarbeit seiner Lehrerausbildung.[2] Noch weiter geht Bernd D., ein Solidaritäts-
aktivist vom Indianistikklub Triptis. Er schreibt, man
müsse sich als »Partner [der Indianer] im antiimperialistischen Kampf« profilieren.[3] Gleichzeitig wollen die Indianisten der Jugend die gemeinsamen Tugenden von Sozialisten und Indianern vermitteln, auf die bereits Engels
hingewiesen hat: »Haß gegen den Imperialismus, Solidarität, Vertrauen zur Arbeiterklasse und ihrer revolutionären
Partei und zur Sowjetunion auf dem Gebiet der Friedens-
sicherung.«[4] Aus der konservativen Nische Indianerhobby
wird nun ein »fortschrittliches« Breitenphänomen.

»Schutzdecke der Dakota«

Bereits seit der Staatsgründung forcierten die Kulturinstitutionen der DDR die Entstehung einer eigenen Abenteuerliteratur. Den romantisch-verklärten Amerikaromanen
Karl Mays und dem auch in der DDR verbreiteten neueren
westlichen »Schund und Schmutz« soll die »historische
Wahrheit« gegenübergestellt werden. Wenn sich »unsere
Menschen«, wie die Bevölkerung der DDR von den Regie-
renden gerne genannt wurde, schon für Amerika begei-
stern, dann bitte für den richtigen Teil, das »andere Amerika«, das auch die Indianer repräsentieren.[5]
Per Gesetz wird 1950 das Ministerium für Volksbildung

zur Schaffung einer neuen Jugend- und Kinderliteratur verpflichtet.[6] Zu diesem Zweck lobt das Ministerium einen Preis für Jugendliteratur aus. 1951 wird der Roman *Die Söhne der großen Bärin* von Liselotte Welskopf-Henrich prämiert. Sie schildert den Treck eines Indianerstammes, der nach Kanada in die Freiheit ziehen will. In den folgenden zehn Jahren schreibt sie fünf weitere Romane, die im historischen Indianermilieu spielen.[7]

Hauptberuflich arbeitet Welskopf-Henrich als Professorin für Alte Geschichte an der Humboldt-Universität zu Berlin. In ihrem literarischen Schaffen beschäftigt sie sich nicht nur mit der Vergangenheit, sondern auch mit der Gegenwart der Indianer. Mehrmals reist sie in die Vereinigten Staaten, um dort die *native americans* zu studieren. Von diesen erhält sie den Ehrennamen »Lakota-Tashina«: Schutzdecke der Dakota. Ihre Reiseerlebnisse fließen in die Romanpentalogie *Das Blut des Adlers* ein, an der sie von 1965 bis zu ihrem Tod im Jahr 1979 schreibt.[8]

Auch die Schriftstellerin Anna Jürgen verfaßt mit *Blauvogel. Wahlsohn der Irokesen* (1950) einen in der DDR viel gelesenen Indianerroman. Sie beschreibt einen Irokesenstamm, der von Fischzucht und Ackerbau lebt. Unter ihnen lebt ein Kind europäischer Eltern, das von den Indianern liebevoll großgezogen wird. Das friedliche Zusammenleben wird durch den englisch-französischen Krieg zerstört. Ebenfalls sehr erfolgreich ist B. Travens sozialkritischer *Caoba*-Zyklus über die Rebellion indianischer Arbeiter in Mexiko. Ein Ausstellungskatalog des Radebeuler Indianermuseums bringt die Botschaft dieser Bücher auf den Punkt:

»Allen gemeinsam ist der Haß gegen die Unterdrük-
kung, der Wunsch nach Freiheit. Und so lenkt die In-
dianerliteratur, die nur ein Teil des Genres der bedeutend
umfangreicheren Abenteuerliteratur ist, das Augenmerk
des Lesers auf dieses politische Anliegen, das nur gelöst
wird durch eine gerechte soziale Ordnung, in der es
keine Rassenunterschiede und keine sozialen Gegen-
sätze mehr gibt.«[9]

Im Wissenschaftsbetrieb der DDR spielt die Auseinandersetzung mit der Kultur und Geschichte der Indianer Nordamerikas jedoch eine untergeordnete Rolle.[10] Lediglich an
der Karl-Marx-Universität in Leipzig forscht Eva Lips, die
Witwe des 1950 verstorbenen Völkerkundlers Julius Lips,
über Wirtschafts- und Rechtsformen der nordamerikanischen Erntevölker. Die Eheleute hatten sich ein sozialistisches Motto zu eigen gemacht: »Völkerkunde will Völker-
frieden«.[11] Lips' Tätigkeit beschränkt sich nicht auf den
universitären Bereich, sie wendet sich auch an die breitere
Bevölkerung, verfaßt populärwissenschaftliche Bücher wie
Das Indianerbuch (1956)[12] und hält zahlreiche Vorträge im
Rahmen der Urania, einer Gesellschaft zur Verbreitung
wissenschaftlicher Kenntnisse, die in vielen Städten der
DDR Vortragsreihen veranstaltet. Wie *Die Söhne der großen Bärin* und *Blauvogel* wird *Das Indianerbuch* ein Stan-
dardwerk für ostdeutsche Indianerfreunde.[13]
Zusätzlich zu den Büchern »aus eigener Produktion« werden aufgrund des großen Interesses an dem Thema auch Titel aus sozialistischen Bruderländern[14] und sogar Klassiker
der US-amerikanischen Indianerforschung[15] sowie ausgewählte Bücher amerikanischer Indianer veröffentlicht, u. a.
das Buch *Tahca Ushte. Medizinmann der Sioux* (1982) von

John Fire Lame Deer. Und Ende der Achtziger arbeitet der Ostberliner Afrikanist Ulrich van der Heyden an einem Indianer-Lexikon.[16]

DEFA-Indianer

Eine ganz besondere Qualität entwickelt die DDR-spezifische Indianerkultur im Film. Auch in der DDR stehen in den sechziger Jahren Westernfilme hoch im Kurs. Nicht nur amerikanische Cowboys wie John Wayne, Yul Brynner oder James Stewart werden als Stars verehrt, auch die ab 1962 als deutsch-italienisch-jugoslawische Koproduktion gedrehten Karl-May-Filme mit Pierre Brice und Lex Barker sind ein großer Erfolg.[17] Zwar werden diese Streifen auch in ostdeutschen Kinos gezeigt, doch viele DDR-Bürger sehen *Winnetou I*, *Old Shatterhand* oder den *Schatz im Silbersee* in der ČSSR. Für den Sozialismus sind der christianisierte Winnetou und sein edler, deutscher und »weißer Bruder« allerdings kein Rollenmodell.

Die Deutsche Film AG oder kurz: DEFA, das volkseigene Hollywood der DDR, steht nun vor einer großen Herausforderung: Sie muß eine sozialistische Variante des Western erfinden. Der erste, inoffizielle Ost-Western verlegt die Handlung in die Gegenwart des »real existierenden Sozialismus«. 1965 dreht Frank Beyer *Spur der Steine*, eine Art Remake von John Sturges *Die Glorreichen Sieben*. In Beyers Film sind die sieben Zimmerleute der Brigade von Hannes Balla (Manfred Krug) die gerechten Helden einer Großbaustelle. Ihre Colts sind Hämmer, ihre Postkutsche ist ein Kipper, statt Stetsons tragen sie Zimmermannshüte. Die *new frontier* des Wilden Ostens ist die Industriebau-

stelle, auf der sich die sozialistischen Utopien verwirklichen sollen. Die Zimmerleute stehen dem maroden Alltag
der DDR-Gesellschaft kritisch gegenüber. »FDJ-Idealis-
mus« und Appelle sind nicht ihr Ding und der »Sheriff«,
wie sie den Volkspolizisten nennen, »der hat hier gar nichts
zu sagen«. Trotzdem fühlen sie sich moralisch verpflichtet,
die Gesellschaft zu beschützen. Ballas Männer sind sozusagen proletarische Cowboys, echte (sozialistische) Westernhelden. Nur drei Tage nach der Uraufführung am 15. Juni
1966 wird der Film verboten.[18]

Spur der Steine ist ein Opfer der breitangelegten Kam-
pagne gegen den Medien- und Kulturbereich, die unter Fe-
derführung von Erich Honecker im Herbst des Jahres 1965
begonnen hat. Die interne kulturelle Öffnung, die nach der
Schließung der Grenzen zunächst forciert wird, geht vielen
im Parteiapparat zu weit. Auf dem 11. Plenum des ZK der
SED im Dezember 1965, dem sogenannten »Kahlschlag-
Plenum«, werden kritische Künstler, Literatur-, Film- und
Fernsehschaffende abgestraft.[19] Man unterstellt ihnen, sie
wollten dem Sozialismus fremde, schädliche Tendenzen
und Auffassungen propagieren. In dieser Situation, so
Kurt Hager, der Leiter der Ideologischen Kommission
beim Politbüro des ZK der SED, müsse die »Kultur [bes-
ser] als Waffe im Klassenkampf« genutzt werden. Der kulturpolitische Kurs verschärft sich. In diesem Klima hat der
kritische Ost-Western im Stil von *Spur der Steine* keine
Chance.

Dafür schlägt nun die Stunde für ein cineastisch-ideologi-
sches Experiment. Seit 1965 arbeitet die DEFA-Gruppe
»Roter Kreis« gemeinsam mit Liselotte Welskopf-Henrich
an einem völlig neuen Genre: dem Indianerfilm. Er ist von
Anfang an im Sinne Hagers als »Waffe im Klassenkampf«

konzipiert. Im Gegensatz zu den westdeutschen Karl-May-Filmen soll ein »realistisches« Bild des indianischen Kampfes gegen den Kapitalismus gezeigt werden, die DEFA-Western erheben Anspruch auf »historische Wahrhaftigkeit«. Vom Klassenstandpunkt aus will man dem Publikum kolonialistische und imperialistische Strukturen erläutern und die »Politik der Ausrottung der Völker« offenlegen. Im Filmprogramm zu *Die Söhne der großen Bärin* (1966), dem ersten dieser Filme, heißt es:

>»Als Kolumbus zum ersten Mal seinen Anker an den Küsten Amerikas auswarf, begann für die Indianer eine lange Nacht. Die Finsternis dieser Nacht ist auch heute noch nicht lichter geworden. [...] Die Indianer werden in dem Lande, das ihnen einst gehörte, gehetzt, betrogen und umgebracht.«[20]

Entsprechend handelt *Die Söhne der großen Bärin* vom Kampf des jungen Häuptlings Tokei-ihto gegen die Vertreibung seines Stammes von ihrem Land in eine unfruchtbare Reservation. In Fragen der Ausstattung läßt sich die DEFA dabei auch von Old Manitou beraten. Die Federhaube von Tokei-ihto stammt nicht aus Nordamerika, sondern aus Radebeuler Produktion. Allerdings hapert es an einigen Stelle mit der »historischen Wahrhaftigkeit«. Besonders deutlich wird dies in einer Szene, in der eine Gruppe Indianer durch ihr Dorf reitet. Dabei kommt nicht nur eine Brücke ins Bild, sondern auch ein Badesteg, auf dem Indianerkinder spielen. Nachdem Liselotte Welskopf-Henrich diese Szene im Rohmaterial gesichtet hat, ist sie entsetzt. In einem Brief an die DEFA schreibt sie:

»Die Brücke ist ganz schlecht, da die Indianer sich über einen Bach, den man ohne weiteres durchreiten kann, keine Brücken bauten. [...] Völlig unmöglich ist der Badesteg. Ein Indianerdorf ist kein Campingplatz in der DDR. Der Badesteg, der uns international lächerlich machen würde, muß unbedingt herausgeschnitten werden.«[21]

Trotz dieser Schönheitsfehler strömen acht Millionen Menschen in die Kinos, der Film wird ein Riesenerfolg. In der Hauptrolle des Tokei-ihto brilliert der bis dahin unbekannte jugoslawische Schauspieler Gojko Mitic. Mitic, der seine ersten Erfahrungen als Nebendarsteller in westdeutschen Produktionen gesammelt hatte, wird zum Oberindianer der DEFA. In allen Indianerfilmen des »Roten Kreises« übernimmt er die Hauptrolle. Mitic ist ein Star, Mütter benennen ihre Kinder nach ihm und Express, eine republikweit bekannte Rockband, nimmt für ihn den Song *Ein Wigwam steht in Babelsberg* auf. Im Refrain heißt es:

> »He, Gojko, Gojko
> wie wir mit dir fühl'n
> Bitte, laß noch einmal
> deine Muskeln spiel'n
> Bitte, laß noch einmal
> deine Fäuste los!
> He, Gojko, Gojko,
> du bist ganz groß.«

Alle DEFA-Western folgen demselben Muster: Nicht die Cowboys, sondern die Indianer sind die Guten. So spielt z. B. *Spur des Falken* von 1968 in den Black Hills, den heiligen Bergen der Sioux. Goldfunde ziehen Abenteurer, Banditen und Goldgräber an, ein kapitalistischer Bodenspekulant will die Ureinwohner vertreiben. Um den Indianern ihre Lebensgrundlage zu entziehen, läßt er ihre Büffelherden abschlachten. Sie rächen sich unter der Führung von Häuptling Weitspähender Falke (Mitic), verlieren letztlich aber den Kampf gegen die übermächtigen Weißen.

Zusätzlich zur Unterhaltung bekommt das Publikum also immer einen kleinen Grundkurs in Politischer Ökonomie mitgeliefert. Durch *Spur des Falken* sollen die Zuschauer, so das Filmprogramm, verstehen, »daß die Besitznahme des Landes durch die Weißen mit größter Brutalität geschah, daß die kapitalistische Kolonialpolitik eine Politik der Ausrottung der Völker war – und heute noch ist«.

Gerade weil die DDR-Filmemacher sich in einer ideologischen Konkurrenzsituation zu ihren Kollegen im Westen sehen, sind die Karl-May-Streifen formal das Maß aller Dinge. Gojko Mitic wird gezielt ausgewählt, weil er bei *Old Shatterhand* (1963), *Winnetou 2* (1964) und *Unter Geiern* (1964) als Nebendarsteller hinter die Kulissen geschaut hat. Auch in der Ausstattung der Filme soll »westdeutsches Niveau« erreicht werden. Für *Spur des Falken* mußte teurer Kunststoff aus dem Nichtsozialistischen Wirtschaftsgebiet (NSW – dem Westen also) beschafft werden, um für ein riesiges Feld mit abgeschossenen Büffeln ausreichend Bisonattrappen herstellen zu können. In einem Schreiben des »Roten Kreises« an die Auslandsabteilung der DEFA heißt es dazu: »Diese Einstellung hat unser Regisseur [...] in ähnlicher Form in dem westdeutschen Film ›Winnetou I‹ gesehen.«[22] An einer Aussage Heinz Roeskes, damals Bühnenbildner und Ausstatter,[23] zeigt sich das geradezu absurde Ausmaß des formalen Ehrgeizes. Man habe »sogar an Originalschauplätzen gedreht« – doch damit meint er keinesfalls die Great Plains, sondern die Orte in Jugoslawien, an denen viele BRD-Western entstanden.

Die Week

Angeregt durch die Filme und die spezifisch ostdeutsche Wildwest-Literatur finden sich in der gesamten Republik junge Indianerbegeisterte zusammen, in rascher Folge entstehen überall neue Klubs. Dazu gehören unter anderem Apsàrukeh (Fürstenwalde/1964), Sioux-Dakota (Hohenstein-Ernstthal/1966), Wakan Tanka und Sitting Bull (beide Erfurt/1968 und 1977), die Interessengemeinschaft Indianistik Triptis (1968), Calumet (Dresden-Hellerau/1969), Arapaho (Berlin/1969), Cheyenne (Leipzig/1970), Pipestone (Dresden/1970), Siksikà (Ehrenfriedersdorf/1970), Thunderbird (Rostock/1970), die IG Indianistik (Annaberg-Buchholz/1972), die Lakota (Bautzen/1972), Seven Valleys (Olbernhau/1972), die Chiricahua-Apachen (Gadebusch/1973), Rising Sun (Gera/1973), Heyoka (Riesa/1973), O-hij-jo (Brandenburg/1974), die Kulturgruppe für Indianistik (Cunnersdorf/1975), Wah-Konda (Schwedt/1975), Cheyenne (Sebnitz/1975), Ompahs und Pedro Bissonette (beide Cottbus/1976), die AG Indianer Nordamerikas (Potsdam-Eiche/1976), Indianer Heute (1978), Waya Sni (1980), der Club für Ethnographie und Völkerrecht (1982), George Yoakam (1984/alle Berlin), Nächtlicher Regenbogen (Dessau/1978), die Sioux (Weinböhla/1978), Tamenunt (Hoyerswerda/1976), die Mo-

hawk (Hohen-Neuendorf/1980), Calumet (Dresden/1981), Potlatch (Pasewalk/1982), New Yellow Moon (Schmalkalden/1982), Keha (Sörnewitz/1982), Netop (Ebersbach/1983), Ponca (Greifswald/1983), Uhwentsya Karenhata (Leipzig-Paunsdorf/1983), die Indianistik-gruppe Stralsund (1983), ein Dakota-Klub in Bad Doberan (1985), Blackfoot (Görlitz/1985), die Cheyenne Walters-hausen (1985), Ahwigacha (Leipzig-Burghausen/1986), die IG Indianer (Naumburg/1986), die Seneca-Indianer (Potsdam/1986), Onondaga (Birkenwerder/1987), Apa-chen in Grabow (1987), die Indianistikgruppe Westewitz-Döbeln (1987), Angpao (Pirna/1988), die IG Indianistik (Cottbus/1988), Big Snake (Greifswald/1989), Tsistsistas (Neustadt in Sachsen/1989), Hidatsa (Grimma/1989), die IG Indianistik (Jena/1989) und Hidatsa (Halle/1990).

Die Indianer der in den sechziger und frühen siebziger Jah-ren gegründeten Gruppen besuchen auch das Council, das seit 1958 jährlich stattfindende Treffen der konservativen alten Garde der ostdeutschen Westernfreunde. Als die jun-gen Häuptlinge realisieren, daß auf den Councils noch im-mer ein romantisch-verklärter Wilder Westen nachgespielt wird, sind sie schockiert. »Tagsüber Indianer und abends dann Westerner – für die Jüngeren in der Indianerbewe-gung war das nicht interessant. Uns hat das nie angemacht. Wir waren voll auf der Indianerschiene«, sagt Chiefi, da-mals Häuptling der Interessengemeinschaft Indianistik Triptis. Chiefi und andere beschließen deshalb, als Gegen-veranstaltung zum Council ein rein indianisches Lager zu organisieren: ohne Westernerklamotte, Saloons und vor al-lem ohne Cowboys.

1973 laden sie erstmals zu drei einwöchigen Indianerlagern in Triptis (Thüringen), Fürstenwalde (Brandenburg) und

Olbernhau (Sachsen) ein. Nach der ersten »Indian Week«, wie diese Veranstaltung von nun an heißt, fährt Chiefi, damals gerade 18 Jahre alt, auf eigene Faust nach Berlin. Dort finden die X. Weltfestspiele der Jugend und Studenten statt, laut Erich Honecker das »Sammelbecken des antiimperialistischen Kampfes der Jugend der Welt für Frieden und Freundschaft zwischen den Völkern«.[24] Die Veranstaltung steht unter dem Motto: »Für antiimperialistische Solidarität, Frieden und Freundschaft«. Auch eine Delegation elf »echter« Indianer aus den USA ist zu Gast. Sie sind Abgesandte der indianischen Bürgerrechtsorganisation AIM. Chiefi und sein Stamm wollen sie unbedingt kennenlernen. Die AIM-Indianer mögen die jungen, enthusiastischen Ostdeutschen und laden sie zu einer Feier ein. Daran erinnert sich Chiefi noch heute gern: »Natürlich wollten die Sicherheitsorgane uns erst nicht reinlassen«, schließlich sind die Thüringer Jugendlichen keine offiziellen Delegierten der Weltfestspiele, doch die AIM-Indianer bestehen darauf, die Ordner geben nach. »Wir haben dann bis früh um vier in einem Treppenhaus gesessen und getrommelt.« Im Anschluß begleiten die Thüringer Jugendlichen die US-Delegation eine Woche lang, tagsüber gibt es ein offizielles Programm, und jeden Abend wird bis in die Puppen gesungen und getanzt. Chiefi und Jim Castilla, einer der amerikanischen Delegierten, reisen gemeinsam zur zweiten Week des Jahres nach Fürstenwalde. Jim unterweist die Indianisten in der traditionellen Schwitzhüttenzeremonie, einem wichtigen religiösen Ritual.
Für die alten Westerner ist die Week ein rotes Tuch. Gerüchte machen die Runde, daß es dort unsittlich zugehe. Tatsächlich spielen die Teilnehmer indianische Rituale nach, bei »denen obenrum alle, auch die Frauen, nackt wa-

ren«, sagt Addi Hiddisch, damals Jungkrieger bei Old Manitou. »Die Alten sind fast durchgedreht« und verbieten dem Nachwuchs, zur Week zu fahren. Obwohl auch andere Häuptlinge den Besuch des »roten Lagers« untersagen, setzt es sich in der Szene durch. In den achtziger Jahren treffen sich bis zu 1000 Indianisten alljährlich zur Indian Week.

Laienethnologische Wissensproduktion

Die neuen Indianistikklubs pflegen ein ganz neues Verständnis des Westernhobbys, ihre Freizeitbeschäftigung verbinden sie mit politisch-ideologischer Erziehung. Nicht nur sich selbst wollen sie zu »allseitig gebildeten sozialistischen Persönlichkeiten« entwickeln, sondern das kulturelle Niveau des Arbeiter- und Bauernstaates insgesamt heben. Zwar präsentieren die »jungen Wilden« weiterhin Showprogramme, sie stellen diese aber auf das sichere Fundament der wissenschaftlichen Erkenntnis: Keine Cowboykostüme und Lassotricks mehr, sondern »authentische« Kleidung und das »echte« Leben der Indianer.
In besonders radikaler Weise macht sich Birgit diese Haltung zu eigen. 1976, kurz nach der Rückkehr vom Studium in Moskau, gründet sie den FDJ-Jugendklub Pedro Bissonette. Die Gruppe verzichtet komplett auf das unterhaltsame Nachspielen des Indianerlebens, stattdessen konzentriert sie sich ausschließlich auf die wissenschaftlich-theoretische Auseinandersetzung.
Was die Indianisten über das Leben der amerikanischen Ureinwohner wissen wollen, müssen sie sich selbst aneignen. Viele von ihnen haben einen einfachen Bildungshin-

tergrund, stammen aus Arbeiter- und Bauernfamilien. Nun öffnet sich für sie eine völlig neue Welt. Sie besuchen Völkerkundemuseen, zeichnen und fotografieren die Exponate ab, um ihre eigenen Kostüme zu perfektionieren. Dabei geht es oft um Details. Manche Indianisten wollen genau wissen, welche Perlen ihr Stamm in welchem Jahr des 19. Jahrhunderts von den weißen Händlern kaufte. Jede Perle an der eigenen Klamotte soll die richtige Form und Farbe haben. Beim Klamottenbau waren die Mandan-Indianer aus Taucha den anderen Indianistikklubs immer wieder eine Nasenlänge voraus. Eines ihrer Mitglieder arbeitete im Museum für Völkerkunde Leipzig und hatte so Zugang zu seltenen Publikationen. Nicht ohne Grund trug er in der Szene den Ehrennamen »He Knows Much«.

Die Auseinandersetzung mit indianischen Riten und Tänzen macht aus vielen Indianisten regelrechte Experten. Das detaillierte Wissen reicht vom Musikinstrumenten- bis hin zum Tipibau, von den Stammesgesetzen bis zu alten nordamerikanischen Sprachen. Je mehr die Indianisten lernen, desto stärker differenzieren sich die Gruppen aus. Man beschäftigt sich nicht länger ausschließlich mit den bisher besonders populären Dakotas und ihren imposanten Federhauben, sondern entdeckt immer neue Stämme: Pueblo-, Krähen- und Schwarzfußindianer, Irokesen, Apachen und schließlich sogar die Indianer der Nordwestküste.

Gerne geben die Hobbyvölkerkundler ihr Wissen weiter, sie halten Vorträge und zeigen Ausstellungen in Schulen, Pionierhäusern, Altersheimen und Museen. Einige werden Fachreferenten der Urania. Die Mandan aus Taucha gestalten 1984 unter ihrem neuen Häuptling Joe sogar eine Sonderausstellung im Naturwissenschaftlichen Museum Leipzig. Alle indianischen Exponate haben sie nach histori-

schen Vorbildern originalgetreu selbst gefertigt. Diese werden dem Tier zugeordnet, aus dessen Fell oder Knochen die Indianer diese Dinge herstellten. In den Showprogrammen, Vorträgen und Ausstellungen präsentieren sie die amerikanischen Indianer nicht als »Wilde«, sondern als produktive Arbeiter im Sinne des Engelsschen Urkommunismus.

Auch selbstgedrehte Filme waren ein beliebtes didaktisches Mittel. Stilistisch sind diese Amateurfilme äußerst vielfältig. Angelehnt an die DEFA-Streifen der Sechziger entstehen Spielfilme wie *Kein Gold für Desperados*, den die Dakotas aus Meißen drehen, oder klassische Lehrfilme wie *Mandan-Indianer*, in dem die Tauchaer Gruppe in den achtziger Jahren die handwerklich korrekte Anfertigung von Perlenstickereien und authentische Tänze vorführt.

Bei ihren ethnologischen Recherchen stoßen die Indianisten oft auf Schwierigkeiten. Die wenigen Sachbücher, die in der DDR zum Thema erscheinen, sind schnell vergriffen. Zwar ist Fachliteratur aus der Zeit vor dem Zweiten Weltkrieg in den Landesbibliotheken oder über Fernleihe an den Universitäten erhältlich, der Bezug von aktueller Forschungsliteratur aus Westdeutschland oder gar den Vereinigten Staaten ist jedoch praktisch unmöglich. Auch wenn die großen Bibliotheken in Berlin, Leipzig und Dresden teilweise internationale Fachpublikationen sammeln, werden diese nicht einfach an Laien ausgegeben. Wie so oft in der DDR ist Organisationstalent gefragt. Jochen, der Häuptling von Pipestone Dresden, kommt über den Kulturhausleiter an eine Bescheinigung heran, die bestätigt, daß er wissenschaftlich arbeitet. Andere Bücher gelangen über dunkle Kanäle aus dem NSW ins »Reservat«. In der Szene entsteht ein Netzwerk, über das das Wissen verteil wird. Komplette Bücher werden abfotografiert, mit Schreibmaschine und manchmal auch von Hand fein säuberlich abgeschrieben. Jochen und seine Frau verbringen damit einen Großteil ihrer Freizeit. »Mit gutem Durchschlagpapier kam man da auf eine Auflage von fünf, sechs Exemplaren.« Nebenbei lernt man Englisch, um die Texte lesen zu können. Chiefi, der Initiator der Week, übersetzt das 1957 in den USA erschienene Buch *The Indian Tipi – History, Construction and Use* ins Deutsche. Jeder Klub kann bei ihm eines der selbst hergestellten und in Leder gebundenen Bücher beziehen. Endlich können auch Hobbyfreunde, die kein Englisch beherrschen, sich über den korrekten Tipibau informieren.

Vor diesem Hintergrund wird verständlich, warum die Indianisten noch heute Stolz auf ihr Wissen sind. Schließlich haben sie es widrigen Umständen abgetrotzt und oft gelangte es nur durch Schlupflöcher zu ihnen.

Der Traum vieler Klubs ist eine eigene Zeitschrift. Den Anfang machen 1979 Michael und seine Chiricahua-Apachen aus Gadebusch. Bis 1982 geben sie ungefähr vierteljährlich ihre eigene ethnologische Zeitschrift heraus: das *Informationsblatt für Indianistik*. Die Auflage des selbst vervielfältigten Blattes liegt bei etwa 50 Stück, jeder Klub bekommt ein Exemplar. Da Papier in der DDR Mangelware und Druckkapazitäten knapp sind, ist ein Druckerzeugnis etwas ganz Besonderes. Für eine richtige Zeitschrift benötigt man eine offizielle Kontingentierung – Kontakte sind gefragt. Birgit von Pedro Bissonette aktiviert in Cottbus ihr Netzwerk. Als Kreissekretärin des Kulturbundes der DDR hat sie gute Beziehungen zu lokalen Entscheidungsträgern. Von 1980 bis zur Wende 1989 gibt Pedro Bissonette jährlich die *Wampum* heraus, die mit einer Auflage von 1000

Stück bald zum Zentralorgan der Indianisten wird.[25] Hier schreiben junge Hobbyforscher, aber auch deutsche und sowjetische Wissenschaftler über ethnologische Fragestellungen und die politische Bedeutung des indianischen Widerstandes in Vergangenheit und Gegenwart. Außerdem bringt das Heft Nachrichten aus der ostdeutschen Szene.

»Freiheit für Leonard Peltier!«

USA, Ende der sechziger Jahre: Demonstrationen gegen den Vietnamkrieg, Studentenunruhen, Bürgerrechtsbewegung. Ein Land im Aufbruch. Auch die *native americans* organisieren sich. Sie kämpfen für Grundbesitz, Minderheitenrechte und kulturelle Selbstbestimmung. 1969 besetzen sie öffentlichkeitswirksam die verlassene Gefängnisinsel Alcatraz. In riesigen Lettern stehen an den alten Gefängnisgebäuden Parolen wie »You are on Indian Land«. Dabei geht es nicht nur um die symbolische Wirkung, die Indianer wollen die Insel tatsächlich in Besitz nehmen und dort ein indianisches Kulturzentrum einrichten. Im Vertrag von Fort Laramie aus dem Jahr 1868, so argumentieren sie, sei schließlich vereinbart worden, daß von der Bundesregierung nicht mehr genutztes Land an die Indianer zurückfalle. Und das fordern die Aktivisten nun ein. Die *native americans* wollen nicht länger passiv zusehen, wie die US-Regierung die im 19. Jahrhundert geschlossenen Verträge bricht. In den folgenden Jahren finden unter Führung des AIM spektakuläre Demonstrationen statt: 1972 der »Trail of Broken Treaties« nach Washington, wo das Bureau of Indian Affairs für eine Woche besetzt wird, sowie

Proteste in Wounded Knee. Diesen Ort in der Pine Ridge Reservation besetzen 1973 Kämpfer des AIM, um an die letzte Schlacht der Indianerkriege zu erinnern. 1890 massakrierten dort US-Soldaten über 350 fliehende, größtenteils unbewaffnete Indianer. Sie rufen eine freie Oglala-Republik aus, kapitulieren aber angesichts des zunehmenden Drucks des FBI und der amerikanischen Nationalgarde nach 71 Tagen.

Viele der *native americans*, die 1973 unter Führung der Bürgerrechtlerin Angela Davis zu den X. Weltfestspielen nach Ostberlin anreisen, waren auch an der Besetzung von Wounded Knee beteiligt. Die Aktivisten des AIM werden im Ostblock zu Helden des antiimperialistischen Widerstands stilisiert. Indianer sind endgültig salonfähig.

Diesen antiimperialistischen Indianern fühlt sich die junge Generation der ostdeutschen Indianisten in tiefer Solidarität verbunden, und der SED-Staat schlachtet die Ereignisse propagandistisch aus. Die DDR-Presse berichtet ausführlich über die Auseinandersetzungen, das *Neue Deutschland*, die außenpolitische Zeitschrift *Horizont* und die *Junge Welt* veröffentlichen Botschaften der Red-Power-Bewegung und Interviews mit Aktivisten des AIM.

»Junge Welt: ›Wie können die jungen Leute in der DDR Euch helfen?‹
Monica Charles [eine AIM-Aktivistin]: ›Sie können uns moralisch unterstützen. Das ist für die Indianer sehr wichtig, die ja einen sehr schweren Kampf zu bestehen haben. Wer den Indianern helfen will, kann seine Solidaritätsgrüße, möglichst in Englisch, an die Adresse richten: USA, Wounded Knee Legal Defense/Offense Comitee, Rapid City, SD 57761. Das ist ein Komitee für die

Freiheit
Indian
Leon

Hell!

Verteidigung der Rechte der Indianer. Vielleicht können wir mit Eurer und der Unterstützung anderer Länder gegen unsere Regierung wieder Rechte erkämpfen, die uns zustehen.‹«[26]

In der gesamten DDR werden daraufhin Solidaritätsbriefe und Protestresolutionen verfaßt. Drei Schülerinnen der Erweiterten Oberschule (EOS) in Sebnitz, die späteren Gründerinnen der Kulturgruppe für Indianistik Cheyenne, schreiben 1974:

>»An alle Indianer von Wounded Knee!
>Mit größter innerer Anteilnahme haben wir die Ereignisse in der Pine Ridge Reservation verfolgt. Jeder Eurer Erfolge steigerte unsere Hoffnung auf den endgültigen Sieg Eurer Kampfhandlungen in Wounded Knee. Als Ihr diesen errungen hattet, war auch unsere Freude sehr groß. Deshalb möchten wir Euch unsere aufrichtigsten Solidaritätsgrüße übermitteln. Wir hoffen, daß Ihr recht bald die Euch zugesprochenen Rechte erhaltet und die Gleichberechtigung im gesell[schaftlichen] Leben erreicht wird.«

Am Beispiel des Kampfes der amerikanischen Ureinwohner lernen die »neuen sozialistischen Menschen« mehr über die Strategien und Mechanismen des US-Imperialismus. »Brutale Gewalt, Mord, Massensterilisation, Landraub und Einkerkerung zeugen von der Menschenverachtung eines Systems, das nur Profitstreben kennt«, schreibt 1979 die Erfurter Gruppe Sitting Bull in einer Resolution, in der sie die Szene zu mehr politischen Aktionen auffordert.

Zur Ikone des Widerstandes wird Leonard Peltier, ein Führer des AIM. Nach einer Schießerei in der Pine Ridge Reservation, bei der 1975 zwei FBI-Agenten ums Leben kommen, verurteilt ein US-Gericht Peltier 1977 zu lebenslanger Haft. Vielen gilt dieses Verfahren als unfairer Schauprozeß, Peltier als unschuldig und als politischer Gefangener der USA. »Freiheit für Leonard Peltier!« schallt es durch die DDR. In Berlin wird ein Klub gegründet, der sich ausschließlich der Unterstützung des indianischen Befreiungskampfes widmet: der Jugendklub für antiimperialistische Solidarität Indianer Heute Berlin. Man baut Kontakte zum Internationalen Büro zur Verteidigung von Leonard Peltier in Seattle und weiteren Widerstands- und Unterstützergruppen im westlichen Ausland auf. Im Rahmen von Ausstellungen wird die Öffentlichkeit über den indianischen Widerstand informiert. Auf dem »Festival des politischen Liedes«, beim Liedersommer der FDJ, und bei Pressefesten des *Neuen Deutschland* ist Indianer Heute regelmäßig mit einem Infostand präsent. Alle Indianistikklubs der DDR können bei der Gruppe Sticker, Diaserien für Vorträge und Plakate für ihre Solidaritätsarbeit beziehen. Viele »progressive« Klubs organisieren nun Aktionstage für Leonard Peltier mit Unterschriftensammlungen, Vorträgen und Ausstellungen. Auf Solidaritätsbasaren werden Nickys (so heißen T-Shirts in der DDR), Poster, Postkarten und Aufnäher mit indianischen Motiven sowie altindianische Keramik verkauft. Die Einnahmen und gesammelten Spendengelder gehen direkt auf das Konto für antiimperialistische Solidarität bzw. an das Solidaritätskomitee der DDR.

Keine Freiheit für die Solidaritätsbeauftragte

Am 1. Oktober 1983 treffen sich Hobbyindianer aus der gesamten Republik in Dresden, um zukünftige Solidaritätsaktionen zu koordinieren. Sie gründen den »Solidaritätsarbeitskreis der Indianistikgruppen der DDR«. In den »Grundsätzen der Arbeit auf dem Gebiet der aktuellen Probleme der Ureinwohner Amerikas« formulieren sie als Ziel, »alle zugänglichen Informationen [...] parteilich zu werten und die notwendigen und möglichen Aufgaben daraus abzuleiten«. Fast jede Gruppe bestimmt einen »Beauftragten für Solidarität«, der von nun an zu den halbjährlich stattfindenden »Zentralen Treffen« delegiert wird.

Mit den Solidaritätsaktionen wollen die Indianisten nun die DDR-Gesellschaft verändern. Sogar in den Palast der Republik ziehen die Soli-Indianer ein. Dort zeigt die Berliner Gruppe Waya Sni im März 1986 eine Ausstellung, in der die gegenwärtigen Lebensbedingungen der Indianer und die soziale Ungerechtigkeit im Mittelpunkt stehen. Auf einem Plakat steht:

> »Ein Eis kostet bei einem Straßenhändler in New York 35 Cent. Für eine Tonne Kohle, die er auf dem Gebiet der Crows fördert, zahlt der Shell-Konzern dem Stamm 17,5 Cent. Was können sich die Crows dafür kaufen? 1 t Kohle = $1/2$ Eiswaffel. Shell verkauft die Tonne für 12 Dollar.«

Auch für Kate,[27] die 1982 als Neunzehnjährige der Interessengemeinschaft für Indianistik Cheyenne Sebnitz beitritt, ist von Anfang an klar, daß sie Teil einer »fortschrittlichen« politischen Bewegung ist. Wie für alle antiimperialistisch

eingestellten Indianisten ist für sie Soli-Arbeit ein selbst-
verständlicher Teil des Hobbys. Sie pflegt Briefkontakte
zu indianischen Institutionen, organisiert Aktionstage,
schreibt Protestbriefe an Richter, Gouverneure und andere
staatliche Einrichtungen in den USA. In ihrem Klub wird
sie »Beauftragte für Solidaritätsfragen«. Doch statt sich nur
für die Menschenrechte der Indianer in den USA einzuset-
zen, beginnt sie kritisch über die Regeln des eigenen »Re-
servats« nachzudenken: politische Rechte, Reisefreiheit.
Ihr reicht das Hobby und eine Woche freies Indianerleben
im Jahr nicht mehr aus. Sie will sich nicht länger anpassen,
sondern tatsächlich »ihr Leben« leben. Kate träumt von einer Reise zu den heiligen Stätten in Nordamerika. »Wir
waren eingesperrt und unserer Rechte beraubt. Ich wollte
raus. Ich hab mich mehr zu Indianern hingezogen gefühlt
als zu den Deutschen.« Außerdem wünscht sie sich ein
Kind von einem Indianer. Noch im selben Jahr stellt sie einen Ausreiseantrag und wird als »127. Fall Übersiedlungsersuchen 1986« in ihrer Heimatstadt registriert.
Die Staatssicherheit wendet sich an ihren Häuptling und
befragt die IM im Klub. Dort versucht man, eine »Auseinandersetzung« mit Kate zu führen, und erklärt ihr, »daß
sie den Indianern am besten helfen könne, wenn sie hier in
der DDR Solidarität übt« und daß sie aus der Gruppe aus-
geschlossen wird, »wenn sie versucht, weitere Gruppen-
mitglieder zu Übersiedlungsersuchen zu inspirieren«.[28] Sie
verliert ihre Funktion als »Beauftragte für Solidaritätsfragen«. Von ihrem Ausreiseantrag nimmt sie trotz des sozialen Drucks keinen Abstand.
Dem Übersiedlungsersuchen von Kate wird bis zum Fall
der Mauer nicht stattgegeben. Die Freiheit, die man für die
native americans in den USA erkämpfen will, gilt nicht für

die Indianer in der DDR. Die heiligen Orte der Indianer
wird Kate erst nach der Wende kennenlernen.

Das Zentralkomitee der Indianistik

Nicht alle Indianisten sind systemkonform, und »Einzel-
aktionen« wie ein Übersiedlungsersuchen (ÜSE) gefähr-
den den guten Ruf der ganzen Szene. Deshalb versuchen
diejenigen, die sich als Bestandteil der »progressiven Kräfte« empfinden, die Indianistik staatskonform zu institutio-
nalisieren. Zudem wollen sie das Hobby weiter politisieren
und gemäß der staatlichen Vorgaben gestalten. So entsteht
1981 die Idee für ein zentrales Gremium. »Einige Häuptlinge«, erinnert sich Birgit, »saßen abends nach einem
Chiefpalaver noch im Saloon zusammen.« Ein »Zentraler
Arbeitskreis der Indianistikgruppen der DDR (ZAK)«
wird gegründet: Das »Zentralkomitee der Indianistik«, wie
Joe, auch er einer der Initiatoren, es noch heute nennt. Der
ZAK erarbeitet Vorschläge für die zukünftige Entwicklung
und die bessere Verankerung des Hobbys im sozialistischen Staat. In die Szene, ein loses Netzwerk aller staatlich
anerkannten Indianistikgruppen der DDR, sollte »endlich
Ordnung hineingebracht werden«, erklärt Birgit. Denn so
konnte es nicht weitergehen:

> »Die einen waren dem Kulturbund angeschlossen, die
> anderen bei der FDJ, wieder andere bei Tierparks,
> Volkseigenen Betrieben (VEB) oder dem Deutschen
> Turn- und Sportbund (DTSB). Wir wollten eine einheit-
> liche Struktur finden, damit die Indianer im gesamten
> Kulturbetrieb faßbar wurden.«

Ziel dabei war es auch, »Piratenaktionen« einzelner Personen oder Gruppen ohne behördliche Absicherung zu vermeiden. Deshalb verfaßte der ZAK, ganz im Stil des sozialistischen Zentralismus, eine »Richtlinie zur gemeinsamen Arbeit der Kulturgruppen für Indianistik der DDR«.[29] Diese soll dem Statut jeder Indianistikgruppe vorangestellt werden.

Zusätzlich strebte der ZAK eine bessere Anbindung der Indianistik an die staatlichen Kulturinstitutionen an. In den achtziger Jahren gab es mehrere Gespräche zwischen Vertretern der ostdeutschen Indianerbewegung und des Ministeriums für Kultur, des Zentralhauses für Kulturarbeit Leipzig, der FDJ sowie des Kulturbundes der DDR. Die Mitglieder des ZAK wollen die Indianistik als »Gesellschaft für Völkerkunde« zentral an den Kulturbund der DDR anschließen. Trotz erster Absagen seitens der Behörden geben die ZAK-Indianisten nicht auf. Joe, in der Szene wegen seiner politischen Überzeugungen auch unter dem Namen »Der mit der linken Hand schlägt« bekannt, war einer der aktivsten Vorkämpfer. Er träumte von einem Zusammenwachsen von Sozialismus und Indianistik. Seine Vorstellungen realisieren sich auf den von ihm organisierten »Nationalen Indianerfesten der DDR« im agra-Park in Leipzig in den Jahren 1986 und 1988.[30] Alle Facetten der DDR-Indianerbewegung werden den 150 000 Besuchern an einem Wochenende präsentiert. »Durch diese Veranstaltungsform [sollen] Bewertungskriterien geschaffen werden, die auch zu einheitlichen Richtlinien für materielle und ideologische Arbeit«[31] der Indianisten weiterentwickelt werden können. Versuche, die zentralstaatliche Anbindung der indianischen Kulturarbeit zu forcieren, gab es immer wieder. Sogar das Bundessekretariat des Kulturbun-

des der DDR und die Abteilung Kultur des ZK der SED, also die höchste kulturpolitische Ebene, setzen sich mit dem Anliegen der Indianisten auseinander. Doch die Indianistik blieb, was sie war: ein staatlich unterstütztes, sozialistisches Hobby.

Anmerkungen

1 Friedrich Engels, *Der Ursprung der Familie, des Privateigentums und des Staates*, in: Karl Marx/Friedrich Engels, *Werke*, Band 21, 5, Berlin 1962, hier S. 95 f.

2 Felber, Hartmut, *Die Bedeutung der außerschulischen, gesellschaftlich nützlichen Tätigkeit am Beispiel der Arbeitsgemeinschaften Indianistik Hohen-Neuendorf und Oranienburg*, Unveröffentlichte Abschlußarbeit der Lehrerausbildung, 1984.

3 Damisch, Bernd, »Solidarität mit wem? Einige Aspekte zur Entwicklung des indianischen Widerstandes in unserer Zeit«, in: Jugendklub für Indianistik »Pedro Bissonette« (Hg.), *Wampum*, Nr. 4 (1983), S. 48-52, hier S. 52.

4 F., Hartmut, a. a. O., S. 14.

5 Vgl. Merkel, Ina, »Eine andere Welt. Vorstellungen über Nordamerika in der DDR der fünfziger Jahre«, in: Lüdtke, Alf/Marßolek, Inge/von Saldern, Adelheid (Hg.), *Amerikanisierung. Traum und Albtraum im Deutschland des 20. Jahrhunderts*, Stuttgart 1996, S. 245-254.

6 »Gesetz über die Teilnahme der Jugend am Aufbau der Deutschen Demokratischen Republik und die Förderung der Jugend in Schule und Beruf, bei Sport und Erholung« vom 8. Februar 1950.

7 Ihre ersten sechs Romane Harka, Der Weg in die Verbannung, Die Höhle in den schwarzen Bergen, Heimkehr zu den Dakota, Der junge Häuptling, Über den Missouri erscheinen 1971 gesammelt als *Die Söhne der großen Bärin*.

8 Zur Pentalogie *Das Blut des Adlers* gehören: *Nacht über der Prärie* (1966), *Licht über weißen Felsen* (1967), *Stein mit Hörnern* (1968), *Der siebenstufige Berg* (1972) und *Das helle Gesicht* (1980).

9 Sowinski, Willi, »Indianer in der Literatur«, in: ders./Neumann, Peter/Rehschuh, Günter, *Indianer-Museum Radebeul*, Dresden 1956, S. 39-48.

10 Auch in Schul- und Lehrbüchern finden die Indianer nur als Randnotiz Erwähnung. Im Fokus des in der Schule vermittelten Nord-

amerikabildes stehen der Klassenkonflikt und die Lage der Arbeiter in den Vereinigten Staaten (vgl. Bortfeldt, Heinrich, »Das USA-Bild in den Schulbüchern der ehemaligen DDR«, in: *Geschichte – Erziehung – Politik*, 3 (1992) 4, S. 217-223).

11 Vgl.: Lips, Eva, »Vorwort«, in: Lips, Julius, *Vom Ursprung der Dinge. Eine Kulturgeschichte des Menschen*, Leipzig 1951, S. 13 f.; dieser Ausspruch stand als Leitmotiv im Hörsaal des Julius-Lips-Instituts der Universität Leipzig. Dem Rektor der Karl-Marx-Universität Leipzig Prof. Dr. Dr. Julius Lips oblag nach seiner Rückkehr aus dem amerikanischen Exil die »demokratische Umgestaltung« der Hochschule. Er verstarb 1950. Seine Frau promovierte und habilitierte (*Die Reisernte der Ojibwa-Indianer. Wirtschaft und Recht eines Erntevolkes*, Berlin 1956) sich an der Karl-Marx-Universität Leipzig und leitete das nach ihrem Mann benannte Institut.

12 Lips, Eva, *Das Indianerbuch*, Leipzig 1956; weitere populär-wissenschaftliche Indianerbücher von Lips sind *Nicht nur in der Prärie* (1974) und *Sie alle heißen Indianer* (1975).

13 Neben dem Julius-Lips-Institut und dem Indianermuseum entwickelt sich auch die Nordamerikaabteilung des Museums für Völkerkunde zu Leipzig zu einem wichtigen Anlaufpunkt für die Indianisten. Daneben gab es einige Einzelwissenschaftler an verschiedenen Universitäten, die zu den *native americans* forschten und die Indianistikszene unterstützten (vgl. Van der Heyden, Ulrich, »Die Native American Studies in der DDR«, in: Schnoor, Rainer (Hg.), *Amerikanistik in der DDR. Gesellschaft – Analysen – Zeitzeugenberichte*, Berlin 1999, S. 123-151).

14 Beispielsweise die Bücher von Sat-Okh (u. a.: *Das Land der Salzfelsen*, Berlin 1965) aus der VR Polen oder Miroslaw Stingl (u. a.: *Das Zeichen der Klapperschlange*, Berlin 1977) aus der ČSSR.

15 Z. B. Catlin, George, *Die Indianer Nordamerikas*, Leipzig/Weimar 1979, und De Bry, *Amerika oder die Neue Welt*, Leipzig/Weimar 1979 (vgl. Van der Heyden, Ulrich, a. a. O., S. 135 f.).

16 Das *Indianer-Lexikon*, das allerdings erst nach der Wende erschien, vereinigt das Wissen, das in der DDR über die Indianer vorhanden war (vgl. Van der Heyden, Ulrich (Hg.), *Indianer-Lexikon. Zur Geschichte und Gegenwart der Ureinwohner Nordamerikas*, Berlin 1992).

17 *Der Schatz im Silbersee* (1962), *Winnetou* (1963), *Old Shatterhand* (1964), *Der Schut* (1964), *Winnetou 2* (1964), *Unter Geiern* (1964), *Der Schatz der Azteken* (1965), *Die Pyramide des Sonnengottes* (1965), *Der Ölprinz* (1965), *Winnetou 3* (1965), *Old Surehand* (1965),

Das Vermächtnis des Inka (1966), *Winnetou und das Halbblut Apanatschi* (1966), *Winnetou und sein Freund Old Firehand* (1966), *Winnetou und Shatterhand im Tal der Toten* (1968).

18 Vgl. Schittly, Dagmar, »DDR-Alltag im Film. Verbotene und zensierte Spielfilme der DEFA«, in: *Aus Politik und Zeitgeschichte* 17 (2002), S. 23-29.

19 Vgl. Engler, Wolfgang, »Strafgericht über die Moderne – das 11. Plenum im historischen Rückblick«, in: Agde, Günther (Hg.), *Kahlschlag. Das 11. Plenum des ZK der SED 1965*, Studien und Dokumente, Berlin 1991, S. 16-36.

20 VEB PROGRESS Film-Verleih (Hg.), *Die Söhne der großen Bärin*, Berlin 1966, o. S.

21 Schreiben von Liselotte Welskopf-Henrich an Dr. Karl/»Roter Kreis« der DEFA vom 9. September 1965. Quelle: Bundesarchiv (BArch).

22 Schreiben des »Roten Kreises« an die Auslandsabteilung der DEFA vom 15. Juni 1961; Quelle: BArch.

23 Ausführung bei: *Die Söhne der großen Bärin, Chingachgook, Spur des Falken*; verantwortlich für Szenenbild bei: *Weiße Wölfe, Tödlicher Irrtum, Osceola, Tecumseh, Apachen, Ulzana, Blutsbrüder.*

24 Honecker, Erich, *Zur Jugendpolitik der SED*, Berlin 1977, S. 455.

25 Neben der *Wampum*, dem Informationsheft des Jugendklubs für Indianistik »Pedro Bissonette«, erscheint ab 1986 ebenfalls jährlich *AMETAS* (AMateurEThnologischesAusSebnitz).

26 Vgl. Interview mit der AIM-Indianerin Monica Charles, in: *Junge Welt* vom 17. August 1973.

27 Name geändert.

28 BStU, MfS, BV Dresden, OPK 833/88, Bl. 000055.

29 Die Richtlinie faßte die politisch-ideologischen und folkloristisch-qualitativen Zielsetzungen der Indianistik zusammen und sollte für die weitere Arbeit aller Indianistikgruppen verbindlich sein (veröffentlicht in: *Informationsblatt für Indianistik*, 1981, Heft 3, S. 5 f.).

30 Die agra war die Leistungsschau der volkseigenen Agrarindustrie. Neben Errungenschaften in der Schweinezucht und dem Zuckerrübenanbau wurden auf dem Gelände auch kulturelle und politische Großveranstaltungen präsentiert.

31 Führungsdokument zum 1. Zentralen Indianertreffen 1986 im agra-Park Leipzig; aus einem Privatarchiv.

Ökos, Assis, Aussteiger

Sowohl die reaktionären, konservativen Karl-May-Fans, als auch die progressiven, sozialistischen Indianisten, die für die Utopie einer »Gemeinschaft freier Menschen« kämpften, integrierten sich in die sozialistische Industrie- und Konsumgesellschaft. Mit dem Staat hatten sie sich arrangiert.

Es gab jedoch noch ganz andere Indianer: Sie lasen die gleichen Bücher, sahen die gleichen Filme, doch ihr Handeln eröffnete Gedankenräume außerhalb der staatlichen Ordnung. Die exotische Szene zog viele an, die sich in der DDR nicht wohlfühlten, die eine Alternative zur Tristesse der realsozialistischen Industriegesellschaft suchten: Ein Leben ohne Staat. Diesen Aussteigern bot das Hobby die Möglichkeit, den *american dream* von Freiheit, Weite und Abenteuer im »Reservat« zu verwirklichen. So entstand eine indianische Gegenkultur.

Wahattoke, der Republikflüchtling

Ein prototypischer Aussteiger-Indianer ist Peter K., oder sagen wir besser: Wahattoke. So lautet der Name, den ihm kanadische Mohawks verleihen sollten. Wahattoke ist der Gründungshäuptling des Irokesenstammes O-hij-jo aus Brandenburg. Wie viele in der Szene begeistert er sich bereits als Kind für alles Indianische, sein Lieblingsbuch ist Walter von Hauffs *Die Ansiedler im Mohawktal* (1929), das über deutsche Auswanderer berichtet. Sein Großvater erzählt ihm von Verwandten, die im 19. Jahrhundert nach Amerika emigrierten. Wahattoke träumt davon, selbst Indianer zu werden. 1964 zieht der damals Siebzehnjährige mit einer Gruppe Jugendlicher in Richtung »Staatsgrenze West«. Die meisten seiner Freunde wollen zur Beatszene nach England, Wahattoke nach Kanada zu den Indianern. Ihnen ist nicht bewußt, daß die Grenze drei Jahre nach dem Mauerbau schier unüberwindbar ist. »Wir wollten ein Schlupfloch finden. Sicher war das naiv«, sagt er heute. Unweit der Grenze werden sie aufgegriffen. Nach mehrmonatiger Untersuchungshaft bekommt Wahattoke eine Bewährungsstrafe, damals ein geringes Strafmaß. »Wahrscheinlich hatte ich Glück, weil mein Vater ein hohes Tier bei der Deutschen Reichsbahn war.« Wahattoke gibt nicht auf, er will unbedingt nach Kanada. Für seinen zweiten Republikfluchtversuch wird er dann »weggeschlossen«. Die nächsten zwei Jahre verbringt er im Gefängnis.

Doch sein Traum von Freiheit, von einem indianischen Leben, bleibt ungebrochen. Nach seiner Entlassung sucht er Kontakt zu den Hobbyindianern und schließt sich den Sieben Ratsfeuern in Magdeburg an. Ihn interessieren jedoch weniger die Prärieindianer mit ihrem prächtigen Federschmuck, sondern vor allem die Mohawks, ein Irokesenstamm, der im Nordosten der USA und im Südosten Kanadas lebt. Von einem Brieffreund aus Kanada weiß er, »daß die Deutschen und die Mohawks eine besonders gute Beziehung hatten. Die deutschstämmigen Einwanderer führten keinen Vernichtungskrieg gegen die Indianer«, so Wahattoke, »und mußten deshalb damals auch keine Palisaden um ihre Dörfer bauen«.

Für Wahattoke ist die Szene eine Ersatzwelt: »In der DDR

konnte ich mich einfach nicht entfalten. Deshalb habe ich versucht, mein eigenes Ding zu machen. Ich konnte nicht weg, also wollte ich wenigstens meinen eigenen Stamm, um die Mohawk-Kultur hier irgendwie nachleben zu können.« 1974 gründet er die O-hij-jo. Sie werden dem Jugendkulturhaus Phillip Müller angeschlossen und erhalten eine offizielle Registrierung.

Die Gruppe braucht dringend Informationen über die Kultur der Irokesen. Zu diesen Waldlandindianern gibt es in der DDR aber noch weniger Quellen als zu den Stämmen der Plains und der Prärie. Deshalb nimmt Wahattoke Kontakt zu *Radio Kanada International* auf. Der deutsche Sprecher des Senders schickt ihm die Kontaktadresse eines kanadischen Mohawkstammes in der Akwesasne Reservation. Intensive Briefkontakte zu zwei Indianern entstehen. »Wir haben damals viel Material von den Mohawks bekommen. Da war klar, daß wir eine Gegenleistung bringen mußten. Wir haben gefragt, wie man am besten helfen könnte, Geld überweisen ging ja nicht.« Stattdessen schickt O-hij-jo Schulmaterial an die indianische Überlebensschule, auch Pakete mit Nägeln, Schrauben, Schulheften, Malzeug, warmen Decken, Kleidung und natürlich Perlen gehen von Brandenburg in die Neue Welt. Auf den Zentralen Treffen des Solidaritätsarbeitskreises wirbt er für Unterstützung, weitere Klubs schicken Pakete. Als Anerkennung für sein Engagement verleihen ihm die kanadischen Mohawks den Ehrennamen Wahattoke: »der Verständnisvolle«. Peter fühlt sich endgültig als richtiger Indianer.

Zunächst findet das Stammesleben der O-hij-jo vor allem in privaten Wohnungen statt, für einen echten Indianer eine unbefriedigende Lösung. Also machen sie sich auf die Suche nach einem eigenen Gelände. Sie wollen aber keine

altmodische Westernstadt a la Stetson City, sondern ein
»richtiges« Indianerdorf mit Langhäusern nach dem Vorbild der Mohawks. In Göttin, einem kleinen Dorf in der
Nähe von Brandenburg, finden sie schließlich ein Grundstück. Anfang der achtziger Jahre beginnt die Arbeit. Da in
der Nähe ein kleiner Fluß vorbeifließt, nennen sie ihr Dorf
»Am Schnellen Wasser«. Im Laufe der Jahre entstehen zehn
kleine Hütten, nicht so groß wie die indianischen Vorbil-
der, aber immerhin fünf bis zehn Meter lang. Sie dienen
nicht als Gruppenbehausung, jede Familie hat ein eigenes
Zuhause. Einige Stammesangehörige, darunter Wahattoke,
wollen nun fest in das Dorf ziehen. Über diese Pläne weiß
auch die Stasi Bescheid. Ein IM berichtet, daß O-hij-jo

> »auf dem Grundstück, das der Club in der Nähe von
> Brandenburg besitzt, [...] eine Siedlung aus Finnhütten
> [errichtet] und [...] die Clubmitglieder dort mit ihren
> Familien ganzjährig wohnen [wollen]. Dazu gibt es wei-
> ter solche Vorstellungen, daß die Frauen im ›Camp‹ ver-
> bleiben und sich um die Erziehung der Kinder bzw. das
> Anlegen kleiner Felder für die Eigenversorgung küm-
> mern sollen und die Männer ›auf die Jagd‹ gehen«.[1]

Aus Sicht der staatlichen Sicherheitsorgane ist das »aso-
zial«. Die Gemeinde Göttin zeigt die O-hij-jo wegen
»Gruppensex« beim Rat des Kreises an. Auch wenn die
Indianer den Vorwurf entkräften können, geben sie ihren
Plan auf, dauerhaft ins Dorf zu ziehen. Sie verbringen nur
die Freizeit »Am Schnellen Wasser«. Den Stammesangehö-
rigen ist vollkommen bewußt, daß sie intensiv von der
Staatssicherheit beobachtet werden; mehrere IM berichten
über die Gruppe. Um zu verhindern, daß der Stamm aufge-

löst wird, macht O-hij-jo Zugeständnisse an die Obrigkeit. Der Klub wird offiziell aufgefordert, den Kontakt zu drei Ehepaaren aus Rathenow, die der Staatssicherheit wegen des Verschickens von »sozial- und staatskritischen Schreiben [...] an namhafte Experten in der DDR«[2] aufgefallen sind, abzubrechen. Häuptling Wahattoke muß nun regelmäßig den Leiter des Jugendkulturhauses über die Arbeit des Stammes, geplante Veranstaltungen und Kontakte ins »Nichtsozialistische Ausland« informieren. Rückblickend schreibt die Staatssicherheit 1988:

> »Seitens des JKH ›Ph. Müller‹ wird durch einen verantwortlichen Mitarbeiter eine Kontrolle des Zirkels ausgeübt. Durch eingeleitete Kontrollmaßnahmen im ZW [Zusammenwirken] mit der DVP [Deutschen Volkspolizei], dem JKH [Jugendklubhaus] und der Gemeinde Göttin konnte Einfluß auf Verhaltensweisen ausgeübt und eine gewisse Disziplinierung erreicht werden.«[3]

Trotzdem versuchen Wahattoke und seine Krieger weiterhin, wie echte Mohawks zu leben. Nach Vorbild des Irokesenbundes aus dem 16. Jahrhundert schließen die »Five Nations« der ostdeutschen Irokesen – die O-hij-jo, die Mohawks (Hohen-Neuendorf), die Seneca (Potsdam,) die Uhwentsya Karenhata (Leipzig) und die Tamenunt (Hoyerswerda) – Mitte der achtziger Jahre einen Freundschaftsvertrag. Von nun an wird das Irokesenjahr mit seinen großen Festivals, Zeremonien und Ritualen gemeinsam gelebt. Bei diesen Treffen geht es hauptsächlich um indianisches Brauchtum und die Umweltprobleme in der DDR. »Damals habe ich mir das Geschichtsbuch der Mohawks besorgt«, erzählt Wahattoke. »Die letzten beiden

Kapitel waren Prophezeihungen. Nach diesen geht die jetzige Zeit, wo es mit Naturkatastrophen anfängt und die Geldwelt ins Wackeln kommt, zu Ende.« Er glaubt, daß diese Zeit in der DDR, in der es offiziell keine Umweltverschmutzung geben durfte, gekommen sei. Im Rückblick versteht Wahattoke das Leben seines Stammes als »eine Art passiven Widerstand«. »Wir haben doch gesehen, daß um uns herum alles kaputt geht. Da mußten wir selbst etwas unternehmen, die, die an der Macht waren, die schafften das einfach nicht.«

George, der Aussteiger

Für George, den Apachenhäuptling aus Grabow, ist Indianersein mehr als eine bloße Freizeitbeschäftigung. »Hobby?« George lacht laut. »Ich bin neben einem Kraftwerk groß geworden. In Hagenwerder bei Görlitz, Schlesien. Die Industrie fand ich schon immer irgendwie blöd, wie da mit der Umwelt umgesprungen wurde und alles. Gerade der indianische Umgang mit der Natur hat mir gefallen, so wollte ich auch leben.« Er hört von den Indianistikklubs, für ihn ist allerdings klar, daß die

> »so etwas wie die FDJ oder so eine staatliche Organisation waren. Da mußte man irgendwelchen Arbeiten nachgehen, lieb und staatsfreundlich sein. Doch ich suchte ja gerade Alternativen, deshalb wollte ich da nicht mitmachen«.

Der Regierung stand George kritisch gegenüber: »Wie die mit den Menschen umgingen – das war nicht meine Welt.«

Erst 1982, George ist inzwischen 27, nimmt er das erste Mal Kontakt zu einem Indianistikklub auf. Er läßt sich die Haare wachsen und ist so oft wie möglich im Wald unterwegs. Für ein eigenes Kriegerhemd sucht er Material und Wissen. Er wendet sich an die Chiricahua-Apachen in Gadebusch nordwestlich von Schwerin. Schon bald muß er den Klub jedoch wieder verlassen, die anderen Indianer halten ihm vor, er würde mit seinem unangepaßten Verhalten die ganze Bewegung in Gefahr bringen. Das »echte« indianische Leben sei schließlich nicht erlaubt. Doch Dank der Week, die er zwischenzeitlich besucht hat, weiß George, daß er nicht alleine ist. Überall in der DDR gibt es »richtige Indianer«, Menschen, die ähnliche Ansichten über das Leben haben wie er: »Das war für mich eine Art Revolution. Ohne die Week hätten wir, heute sagt man Alternativen, uns nicht getroffen.« Zum Indianersein, wie George es sich vorstellt, gehören nicht nur eine Klamotte und ein Tipi, sondern vor allem eine bestimmte innere Haltung: die Suche nach einer anderen Spiritualität, Sinn jenseits der sozialistischen Zukunftsentwürfe. Wegweisend sind für George die Begegnungen mit Archie Fire Lame Deer, einem kanadischen Medizinmann und Vertreter des AIM. 1983 und 1985 kommt dieser auf Einladung des Friedensrates der DDR und der Indianistikgruppe Triptis nach Ostdeutschland. Lame Deer weist George und die anderen Indianer in die Schwitzhüttenzeremonie ein. Im Wald sammeln sie Äste und Stöcke, die sie zu einer Kuppel flechten. Das hölzerne Gerüst wird mit Decken abgedichtet, sie graben ein Loch und füllen es mit glühend heißen Steinen. Ein Dutzend Personen drängen sich in der Hütte, es ist sehr heiß, man schwitzt und singt sich in Trance. George erlebt seine erste echte Schwitzhütte als

Initiation. Lame Deer erkennt in ihm einen »Heyoka Man«, einen heiligen Clown, den Donnerträumer, der zu allem in Widerspruch steht und dadurch den anderen einen Spiegel vorhält. George und sein Freund Black erhalten vom Medizinmann den Auftrag, eine eigene Pfeife herzustellen. Die sollen Black und George nicht aus dem »authentischen« roten Pfeifenstein bauen, sondern mit »einheimischen Materialien«, etwa aus Speckstein. So finden die beiden ihren eigenen Weg zur indianischen Pfeife, die Lame Deer ihnen weiht. »Das fand ich super«, sagt George, »denn das Nachgebaute, mit Materialien aus Amerika, ist hier kraftlos. Du kannst Geister nicht importieren. Die sind ortsgebunden.«

Für alternative Indianer wie George wird es immer wichtiger, eigene Rituale und Zeremonien zu entwickeln. Anders als die Klubs verstehen sie unter Authentizität nicht das möglichst originalgetreue Nachspielen der Kultur der nordamerikanischen Ureinwohner, sie wollen vielmehr im Einklang mit den Dingen leben, die sie umgeben – mit Menschen, Tieren, Pflanzen und Steinen. George sieht ein, daß aus ihm trotz der Hilfe Lame Deers nie ein »richtiger« Indianer werden wird. Dafür hat er nun einen anderen Weg vor Augen, schließlich habe es auch in Mitteleuropa einmal Menschen gegeben, die als Teil des »natürlichen Kreislaufs« lebten. Doch diese Kultur, so George, ist in Europa in den letzten 2000 Jahren restlos zerstört worden. Die Indianer dagegen hätten diese Lebensweise noch bis ins 19. Jahrhundert hinein praktiziert, daher hätten sie »viel mehr Beziehung und Anbindung an die andere Welt«. Das Indianersein habe ihm geholfen, »seinen eigenen spirituellen Weg zu finden«.

George lebt damals als Forstarbeiter in Grabow. Er beginnt, auf einem nahegelegenen Truppenübungsplatz der Roten Armee illegale Camps zu organisieren.

»Das war eine schöne Heide. Ich bin mit Ali, meinem Hengst, öfter auf dem Gelände unterwegs gewesen und kannte mich da aus. Dort fand ich einen guten Platz für unser erstes Lager. Irgendwo in der Pampa, da, wo die Russen nicht hinkamen, habe ich unseren Speer in die Erde gerammt.«

Hier treffen sich von nun an fast jedes Wochenende die Apachen von Grabow. »Das war eine schöne, wilde Zeit. Natürlich mußten wir Wache halten, um nicht erwischt zu werden.« Ihr Leben führen die Apachen im geheimen, auch die Indianisten auf der Week wissen nichts davon. Schließlich sind sie überzeugt, daß die halboffizielle Week von der Stasi überwacht wird. Von seinen Camps, da ist George sich sicher, habe die Stasi nichts mitbekommen: »Wir hatten das einfach ziemlich gut organisiert.« Die Apachen kamen nicht in Gruppen ins Lager, sondern reisten einzeln an. »Ich sag mal: guerillamäßig, wie die Apachen halt so sind.« Bald wollen die Jungkrieger und Squaws nicht mehr nur am Wochenende indianisch leben. 1988 beschließt die Gruppe, inzwischen etwa 25 Männer und Frauen, in Grabow eine Indianerkommune zu gründen. Zwar gelingt es nicht allen, in der Stadt eine Arbeitsstelle und einen festen Wohnsitz – in der DDR die Bedingungen für einen Wohnortwechsel – nachzuweisen. Doch einige finden eine Beschäftigung im Kirchenforst oder in der Landwirtschaft. Von nun an wohnen sie ganzjährig im Tipi. Das nächste Ziel der Apachen-Kommune heißt Autarkie. »Wir wollten nicht mehr auf die immer schlechter werdende Nahrung angewiesen sein, sondern unsere eigenen Tiere halten, Gemüse anbauen, Pferde züchten«, erklärt George rückblickend. Denn lange würde es mit dieser Gesellschaft nicht mehr gutgehen, das wußte George aus den Überlieferungen der Hopi-Indianer. Und auf die »große Reinigung« wollten sie unbedingt vorbereitet sein.

Bernd, der Urkommunist

Bernd S., bis heute überzeugter Kommunist, fing in den sechziger Jahren als Jungkrieger bei den Apsàrukeh Fürstenwalde an. In den nächsten Jahrzehnten war er Mitglied in verschiedenen Gruppen, aber schon Anfang der siebziger Jahre nahm er »mental von der Hobbyszene Abschied«. Die alten Indianerfreunde fand er lächerlich. »Wenn man beim Magdeburger Häuptling Big Man ins Tipi schaute, stand da immer ein Campingklapptisch, zwei Stühle und sein Indianerkoffer.« Er verabscheute die Anmaßung, mit der indianische Riten »nachgeäfft« wurden, »das ging mir gegen den Strich«. Daß die Tauchaer das heiligste Ritual der Plainsindianer – den Sonnentanz – als Schmierenkomödie aufführten, fand er »richtig Scheiße«. In diesem Ritual symbolisiere sich bei den Indianern der Vorrang des Kollektivs vor dem Individuum, und nun spielten die Hobbyindianer diese besondere Form der Selbstkasteiung nach, »aber statt echtem Schmerz und Blut gab es eine Bühnenshow und mit Farbe gefüllte Plastebeutelchen, die man im richtigen Moment zum Platzen brachte«. Für Bernd ist das »umgedrehter Rassismus«. Statt dessen suchte er, ganz ähnlich wie vor ihm Friedrich Engels, nach einer tieferen Bedeutung der indianischen Kultur

für den Aufbau des Kommunismus: »Es gibt kein Privatei-
gentum an den Produktionsmitteln und keine Kapitalisten:
Weder bei uns noch bei den Indianern.« Als überzeugtes
SED-Mitglied überlegte er mit seinen Indianerfreunden,
wie man den real existierenden Sozialismus besser machen
könnte und was man dafür vom indianischen Urkommunismus übernehmen sollte. Doch er zweifelte an den Strukturen der DDR: »Was können wir in diesem Staat überhaupt machen?« fragte er sich. Angesichts des Sicherheits-
regimes stand für ihn die Antwort fest: »Nichts.« Das habe
sich schon daran gezeigt, daß die Behörden seine Be-
schwerden und Eingaben regelmäßig nicht ernst nahmen.
So habe er wegen »chauvinistischer Indianerspielfiguren –
auf 50 Krieger gab es gerade einmal eine Indianerin mit
Kind im Arm« – mehrere Eingaben geschrieben, die alle
ignoriert wurden. Bernd erschien sein politisches Engagement bald als hoffnungslose »Sisyphosarbeit«. Er verliert
den Glauben an die Reformierbarkeit der DDR und sucht
Ende der siebziger Jahre Geborgenheit in seiner urkom-
munistischen Stammesgemeinschaft.

»Indianer kannten keine Altenheime, keine Jugend-
werkhöfe und keine Irrenhäuser. Diese Menschen wurden in den Stämmen mitversorgt, die lebten mit, sie wurden nicht weggesperrt. Jeder soll das Beste aus seinen
Möglichkeiten machen und jede Stimme wird ernst genommen. Dem entsprechend gilt so das Prinzip der Ein-
stimmigkeit. Der Stamm ist nur durch einstimmigen Beschluß handlungsfähig.«

Im indianischen sehen sie eine Alternative zum modernen
Leben, gemeinsam wollen sie neue Formen des Zusam-

menlebens erproben. Bernd macht sich indianische Riten zu eigen, unterzieht sich regelmäßig Schwitzhüttenzeremonien und lebt temporär in einem Tipi. Sein Leben stellt er unter ein neues Motto: »Stell dir vor, es ist Staat und keiner geht hin.« Mit befreundeten Familien ziehen sich Bernd und seine Frau aus dem sozialistischen Alltag zurück. Sie kaufen ein einsames Haus auf dem Land, um nach eigenen Vorstellungen zu leben: »Wir wollten einfach unser Ding alleine machen, wir sahen zu, daß wir unsere Kinder und uns möglichst weit aus diesem System rauszogen.«

Potlatch Pete, der Kapitalist

»Stamm sucht Häuptling«, liest Peter A. aus Senftenberg in seiner Tageszeitung. Ein paar Mädchen haben einen Indianerklub gegründet, es fehlt aber noch ein Oberhaupt. Der Siebzehnjährige nimmt sofort Kontakt mit den jungen Squaws in Hoyerswerda auf und wird Chief der Gruppe. Doch schon 1979 muß der frischgebackene Häuptling von Hoyerswerda weg, um seinen »Ehrendienst« bei der Nationalen Volksarmee in Prora abzuleisten.
Anders als Wahattoke und George hat Peter einen eher »bürgerlichen« Hintergrund. Er versteht sich als Individualist, möchte sich aber trotzdem im sozialistischen Vaterland positiv einbringen. Er bewirbt sich für eine Offizierslaufbahn, wird aber aufgrund eines Rückenleidens abgelehnt.
Nach dem Wehrdienst besucht er eine Kaderschule, die ihn auf den Dienst im Staatsapparat vorbereitet. Peter ist Mitglied der Nationaldemokratischen Partei Deutschlands (NDPD), einer sogenannten »Blockflöte«. Er arbeitet im

Kreiskulturkabinett von Pasewalk in der Uckermark und soll einmal Bürgermeister werden. Peter hat also eine erfolgreiche DDR-Karriere vor sich. Anders als der vorbestrafte Wahattoke hat er keine Probleme, sich mit den Gesetzen und Konventionen des Staates zu arrangieren. Doch auch der Häuptling von Hoyerswerda ist ein Aussteiger, er sagt deutlich, was ihm an der DDR nicht gefällt. 1984 erlebt er seine persönliche Wende. Nach Gesprächen mit Parteifreunden wird er von der Stasi vorgeladen und mit seinen abweichlerischen Äußerungen konfrontiert. Die Parteifreunde waren Spitzel. Eine eigene Meinung, so wird ihm nun klar, ist in der DDR nicht gefragt. Er beendet seine Tätigkeit beim Kreiskulturkabinett, tritt aus der NDPD, der FDJ und weiteren Massenorganisationen aus. Neue Arbeit findet er bei der Staatlichen Versicherung der DDR, dem, wie er sagt, »einzigen nach kapitalistischen Prinzipien organisierten Unternehmen in der gesamten Republik«. Auch sein Hobby ändert sich. Er entdeckt für sich die Indianer der Nordwestküste – und mit ihnen den Kapitalismus. Peter baut die Klamotten der Stämme aus dem Nordwesten nach, ab jetzt gibt es keine Federhauben, Mokassins und Perlenstickereien mehr. Außerdem benennt er seinen Klub um. Nach dem großen Vernichtungsfest seines Tlingit-Stammes heißt er nun Potlatch. Aus Peter wird Chief Pete Potlatch.

Politisch fährt Potlatch Pete eine Doppelstrategie. Gegenüber den offiziellen Stellen erklärt er, die Indianer des Nordwestens seien eigentlich »sowjetische Indianer«, da Alaska, ein Teil ihres ursprünglichen Siedlungsgebietes, ja einst russisch gewesen sei. Das ist wichtig, denn »Amerika, der große Aggressor und Feind der Sowjetunion, war ein Reizthema. Wer sich für Amerika interessierte, mit dem

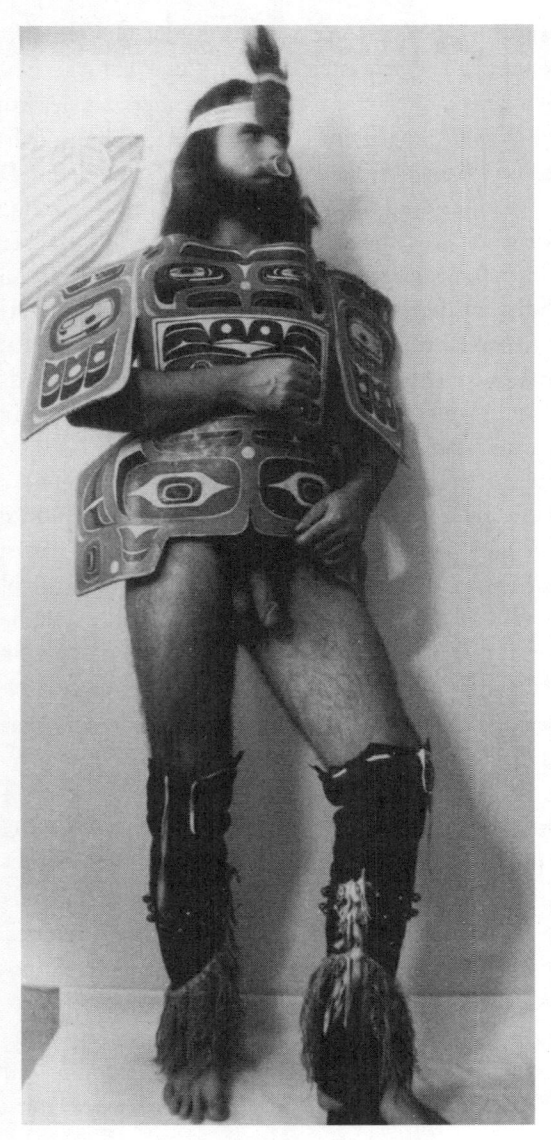

war die DDR immer auf dem Kriegspfad«, erzählt Pete. Deshalb spricht er gegenüber staatlichen Stellen und im Kulturbetrieb immer von »Russisch-Amerika« und spekulierte darüber, wie die politische Weltkarte aussähe,

> »wenn der dumme russische Zar 1876 Alaska nicht für lächerliche 7,2 Millionen Dollar an die USA verkauft hätte. Dann bräuchte die Sowjetunion keine SS 20 Mittelstreckenraketen, sondern könnte T 34 Panzer auf dem amerikanischen Kontinent stationieren und gegebenenfalls in die USA einmarschieren. Und damit hätten wir den Amerikaner doch viel besser im Griff.«

Wenn er so etwas erzählt, dann verstehen die Funktionäre die Relevanz des Hobbys. Ihn selbst interessiert jedoch etwas ganz anderes: »Die Nordwestküsten-Indianer waren nämlich Kapitalisten, keine unterentwickelten Nomaden, sondern eine fortschrittliche Sklavenhalter-Gesellschaft.« Pete will mit seinem Klub ganz unsozialistisch Geld verdienen. Seine Indianer absolvieren nicht einfach Auftritte, sondern organisieren Veranstaltungen, »und die haben wir ganz groß aufgezogen«. Bis zu 20 000 Mark verlangt er für seine Veranstaltungen von der Bezirksverwaltung und anderen Auftraggebern, dazu Kontingente für Bauholz, Zeltstoffe und Leder. »Ich habe mir meinen eigenen Kapitalismus aufgebaut«, erzählt Pete heute stolz. Sein Klubgelände heißt nicht einfach »Klubgelände«, sondern »Bereichserlebniszentrum für Indianistic Pasewalk«. Außerdem baut Pete dort eine Westernstadt: Crazy Town.
Potlatch Pete denkt in großen Dimensionen und entwickelt 1987 Ideen für einen Themenpark an der Urlaubsstrecke von Berlin an die Ostsee. Der Park soll denselben

Umriß haben wie Nordamerika. Mit seinem Projekt will er gleich zwei Zielgruppen ansprechen: DDR-Bürger, die nach exotischer Unterhaltung suchen, und Westberliner Touristen auf der Reise nach Rügen oder Usedom. Zur Unterhaltung der Gäste sind die Cowboy- und Indianernummern der »Ausgezeichneten Volkskunstkollektive« aus der Indianistikszene eingeplant. Pete Potlatchs Idee findet Anklang bei offiziellen Stellen, der Zentralrat der FDJ und die SED-Bezirksleitung Neubrandenburg unterstützen ihn. Über einen Zeitraum von vier Jahren sollen vier Millionen Mark in den Park fließen – ein richtig großes Projekt. Bis 1989 wird der Indianistik-Themenpark allerdings nicht Wirklichkeit.

Pete Potlatch verfolgt in der zweiten Hälfte der Achtziger noch einen weiteren Traum. Er will ein richtiges Potlatch veranstalten, das große Vernichtungsfest der Nordwestküsten-Indianer: als Negation der ostdeutschen Mangelgesellschaft. Dreimal lädt er in diesen Jahren Indianerfreunde zum Potlatch nach Pasewalk ein, das größte findet im Mai 1989 statt. Pete hat Walöl organisiert sowie Butter und Wurst in riesigen Mengen. Alles wird den Flammen übergeben. Nicht nur Lebensmittel, auch Konsumgüter aus der DDR landen im Feuer, zum Beispiel »die guten weißen Daunendecken«, die so schwer zu bekommen waren. Am Ende hat Pete 50 000 Ostmark, das komplette Klubvermögen, verbrannt. Noch heute leuchten seine Augen, wenn er von den »meterhohen Flammen« erzählt. »Am Ende habe ich die ganze Bühne angezündet!«

Hartmut, der Öko-Häuptling

Hartmut ist Kreissportlehrer des Deutschen Turn- und Sportbundes in Oranienburg, Mitglied im Freien Deutschen Gewerkschaftsbund, in der Deutsch-Sowjetischen Freundschaft und der FDJ. Für die Urania hält er Vorträge über die Geschichte und Gegenwart der Ureinwohner Nordamerikas. 1980 gründet er den Mohawk-Klub in Hohen-Neuendorf, außerdem leitet er eine Indianergruppe am Pionierhaus Oranienburg. Sein Fernstudium zum Unterstufenlehrer schließt er mit einer Arbeit über die »Indianistik als gesellschaftlich nützliche Tätigkeit« ab. Indianersein ist für ihn eine Lebenseinstellung, ja fast eine Religion, bei der die Naturverbundenheit eine zentrale Rolle spielt:

> »Wir sind Teil des Kreises der Natur, nicht besser und nicht schlechter als andere Lebewesen, und auch das, was wir als Nicht-Lebewesen betrachten, Steine beispielsweise, oder Sonne und Mond. Keines dieser Dinge ist besser oder schlechter als die anderen.«

Hartmut will die Bevölkerung für seine von Pazifismus und Umweltbewußtsein geprägte indianische Weltanschauung sensibilisieren. Immer wieder weist er den Rat der Stadt Oranienburg auf Umweltprobleme wie Smog und die Verschmutzung der Gewässer hin. Doch nichts passiert.

1982 beschließt er, die »Botschaft der Irokesen an die westliche Welt« zu vervielfältigen, die John Sotsisowah vom Stamm der Seneca 1977 für die »Konferenz der Nicht-Regierungsgebundenen Organisationen bei der UNO zur Situation der Völker beider Amerika« geschrieben hatte. In diesem »Ruf zur Einsicht« geht es um Demokratie, Umweltschutz und ganzheitliches Denken.

> »Heute steht die Menschheit vor der Frage nach ihrem bloßen Überleben als Spezies Mensch. Die Lebensweise, die Inbegriff der westlichen Zivilisation ist, befindet sich auf einem Todespfad, dem ihre eigene Kultur keine lebensfähigen Antworten entgegenzusetzen hat.«[4]

In der Kritik der Irokesen an der modernen Industriegesellschaft findet sich Hartmut wieder: »Auch ich favorisiere die urdemokratische Stammesordnung und diese unverfälschte Demokratie fasziniert mich.« Bei der Kulturabteilung des Rates des Kreises Oranienburg beantragte er eine Genehmigung zum Druck von 500 Exemplaren der Irokesenbotschaft. Statt der erwarteten Zustimmung – immerhin handelt es sich doch um das Manifest einer in den USA unterdrückten Minderheit – erhält Hartmut von seinem Chef eine Vorladung zur »Aussprache«. Die Bürgermeisterin und die Stasi sitzen mit am Tisch. In seiner Stasiakte kann man nachlesen, wie die Behörden ihn einschätzten: Es handele sich um einen »politisch unausgereiften, teilweise von Wunschvorstellungen geprägten Menschen«, der »weltanschaulich zu den ›Grünen‹ in der BRD tendiert«.[5] Hartmut erhält eine Verwarnung.
Trotzdem läßt er nicht locker. 1987 muß er direkt zur Stasi, weil er ein kritisches Plakat zum Thema Umweltschutz gemalt und im Schaukasten seines Clubs ausgehängt hat. »Auf der einen Hälfte war eine grüne Wiese, blauer Himmel, ein Baum, einfach eine Idylle dargestellt, auf der anderen Seite das gleiche Bild, nur grau in grau, mit Wolken,

ohne Sonne, der Baum entlaubt, düster.« Dazu steht die berühmte Prophezeihung von Häuptling Seattle aus dem Jahre 1854 auf dem Plakat:

> »Wenn ihr den letzten Baum gefällt,
> den letzten Fisch gefangen und
> den letzten Fluß verseucht habt,
> erst dann werdet ihr merken,
> daß man Geld nicht essen kann.«

In der für jede Form der Systemkritik unempfänglichen DDR dürfen reale, schwer lösbare Probleme nicht angesprochen werden, die Umweltverschmutzung ist ein Tabu. Hartmut steht fortan unter intensiverer Kontrolle der Stasi.

Burghard, der Ökoaktivist

Eines stellt Burghard gleich zu Beginn unseres Gespräches klar: »Mich hat das Folkloristische nicht interessiert, sondern vor allem der politische Widerstand.« Burghard stammt aus Dessau, und hier, in unmittelbarer Nähe von Wolfen und Bitterfeld, den großen Standorten der ostdeutschen Chemieindustrie, ist Umweltschutz für kritische Bürger schon früh ein wichtiges Thema. Die 1976 von Burghard mitbegründete Indianistikgruppe Dessau war »nie eine Hobbygruppe, sondern von Anfang an alternativ-politisch gemeint«.

Im Gegensatz zu den anderen Klubs nehmen sie nie an politischen Veranstaltungen von Staat und Partei teil, sie verstehen sich als Opposition zur »grauen DDR« und ihren »grauen und unehrlichen Menschen«. In Indianerklamotte, dem Zeichen der anderen, besseren Welt, an offiziellen Kundgebungen zum 1. Mai teilzunehmen, ist für Burghard Verrat.

Wie für viele Menschen aus der Szene ist für ihn das Zusammentreffen mit dem Medizinmann Archie Fire Lame Deer ein Schlüsselerlebnis. Doch während die Schwitzhüttenzeremonie für viele eine Art Initiation darstellt, bewirkt sie bei Burghard das Gegenteil: Durch das intensive, »heftige« Erlebnis wird ihm bewußt, daß er und die ostdeutschen Indianisten Ängste haben, »Ängste, die Archie Fire nicht hat«. Burghard zweifelt auf einmal am Hobby, ihm ist nun klar, daß er nie ein »richtiger« Indianer sein kann: »Da mußte ich einfach ehrlich zu mir sein.« Die Szene erscheint ihm als künstliche Parallelwelt. Von einem Tag auf den anderen tritt er aus seinem Klub aus.

Nun sucht er nach anderen Wegen, um »zu protestieren und direkt politisch wirksam zu werden«. Er gründet in Dessau die Interessengemeinschaft Stadtgestaltung (IGS), eine »richtige politische Gruppe«. Burghard schart Unzufriedene um sich, die in der DDR etwas verändern wollen. Sie engagieren sich für die Rechte von Behinderten, die Instandhaltung des Jüdischen Friedhofs in Dessau, für Umwelt- und Denkmalschutz in der Region. Gemeinsam schreiben sie illegale Zeitschriften, organisieren kritische Ausstellungsprojekte und sprechen offen die durch die Chemieindustrie verursachte Umweltverschmutzung an: die dreckigen, oft mit Schaum bedeckten Gewässer und die ätzende Luft. »Wir haben die Wahrheit gesagt.« Und das war in der DDR schon mehr, als sich die meisten Leute trauten. »Wir waren ›vogelfrei‹ und das wollten wir auch sein, wir wollten frei sein, wir hatten nichts mehr zu verlieren.« In den vernachlässigten Altbauvierteln organisiert die

IGS wilde Straßenfeste, um ihre alternative, offene Lebensweise zu präsentieren und dem Staat zu zeigen, daß »hier immer mehr Leute was anderes wollen«. Dabei, so sagt er heute, habe ihm die langjährige Beschäftigung mit den Indianern durchaus geholfen: »Denn das wichtigste an den Indianern ist, daß sie gezeigt haben, wie kleine Gruppen von Menschen gegen eine Übermacht ankämpfen und etwas erreichen können.«

Leben ohne Staat

Wahattoke, George, Bernd, Pete, Hartmut und Burghard waren auf der Suche nach Freiheit. Ihnen reichte es nicht, ihre Träume in historisch-korrekte Perlenstickerei, authentische Indianertänze, ethnographisches Spezialwissen und Protestresolutionen zu sublimieren. Statt am Wochenende Indianer zu spielen, wollten sie richtige Indianer sein und die Weisheiten und Werte der nordamerikanischen Ureinwohner in ihren eigenen Alltag übernehmen. Sie suchten nach einem sinnvollen Leben jenseits der kollektivistischen Normen der kleinbürgerlich-totalitären Gesellschaft der DDR.

»Wir führten ein Leben ohne Staat«, faßt Barbara, in den Achtzigern Jungsquaw bei den Berliner Waya Sni, ihr damaliges Lebensgefühl zusammen. Die Bewohner der Apachenkommune und des Irokesendorfes konnten sich diesen Traum ansatzweise verwirklichen. Sie stiegen aus dem sozialistischen Alltag aus, wurden, wie es im DDR-Jargon hieß, zu »Asozialen«. Die kleine, selbstgebaute Indianerwelt war eine konkrete Utopie, eine ideale kommunistische Gesellschaft innerhalb des real existierenden Sozialismus.

In ihren Tipis erlebten die alternativen Indianer einen Zustand paradiesischer Nichtentfremdung.

Die vorgestellten Aussteiger waren keine Einzelfälle. In den achtziger Jahren fanden mehr und mehr Freiheitssuchende den Weg in die Szene. In fast jedem Klub gab es Menschen, die im Hobby nach Sinn suchten, indem sie sich mit Umweltschutz, Frieden und Esoterik auseinandersetzten. »Indianer sein« stand zunehmend für ein ganzheitliches Weltbild. Die meisten der Alternativen sind zwar gegen die konkrete Politik der SED, aber nicht gegen die Idee des Kommunismus. Ihre Kritik verstehen sie als systemimmanent, nicht als systemüberwindend. Viele beschreiben sich als »alternativ-freidenkerisch«. Sie träumen von einem Leben ohne Herrschaft, Manipulation, Zentralisierung und Uniformität. Die Indianergruppe, so Felicitas, ab 1986 Häuptling der Ahwigacha Burghausen, war einer der wenigen »Orte in der DDR, an denen man frei sprechen konnte«, hier legte man das Mißtrauen ab, das fast jeden DDR-Bürger im Alltag begleitete. Das Tipi wurde zum Freiraum, in dem offen über die Aktivitäten der Gewerkschaft Solidarność in Polen und die Politik von Michail Gorbatschow diskutiert wird. Die Aussteiger träumten von einer idealen Gesellschaft, von einem besseren Sozialismus. Doch für solche Visionen war in der DDR kein Platz.

Die Alternativen waren widerspenstige Querköpfe, die im Alltag aneckten. Wegen ihres Engagements für die Umwelt und mehr politische Freiheit gerieten sie in Konflikt mit dem Staat, sie wurden überwacht und bespitzelt. Auch in der eigenen Szene beobachtete man die Alternativen mit Skepsis. Von den Häuptlingen, die oft mit den Behörden zusammenarbeiteten, wurden sie als »feindlich-negative

Kräfte« diskriminiert, die die eigene, gemütliche Hobby-
welt gefährdeten.

Viele der unangepaßten Indianisten engagierten sich deshalb bald in der kirchlichen Umweltbewegung, im Neuen
Forum und anderen Bürgerrechtsgruppen, die die Avantgarde der friedlichen Revolution bilden sollten.

Anmerkungen

1 BStU, MfS, BV Potsdam, AIM 2777/88, Bd. II/1, Bl. 000235 f.
2 BStU, MfS, BV Potsdam, AIM 2777/88, Bl. 000273.
3 BStU, MfS, BV Potsdam, KD Brandenburg 668, Bl. 000048; (»Infor-
   mation über ausgewählte Probleme unter jugendlichen Personenkreisen, Jungerwachsenen, insbesondere unter negativ-dekadenten Jugendlichen«).
4 John Sotsisowah, *Ein Ruf zur Einsicht. Die Botschaft der Irokesen an
   die westliche Welt*, Brühl 1984.
5 BStU, MfS, BV Potsdam, AOPK 896/87, Bl. 000031.

Country, Cowboy, Rebel Flag

Im Wilden Osten lebten nicht nur Indianer, sondern auch Cowboys. Während die »Rothäute« allerdings weitgehend mit der offiziellen sozialistischen Linie kompatibel waren, ließen sich die Cowboys nicht so einfach ideologisch überhöhen. Schließlich konnte man sie nicht als Opfer der kapitalistischen Expansionspolitik stilisieren und als Widerstandskämpfer gegen den US-Imperialismus erst recht nicht. Im Gegenteil: Gerade sie waren in den US-Western als *frontier men* die Helden der Eroberung des amerikanischen Westens. Cowboys in der DDR – das ging gar nicht.

Die Realität sah jedoch anders aus. Schon die alten Indianerfreunde aus Radebeul standen auf Cowboys. In den fünfziger und sechziger Jahren in der Öffentlichkeit Jeansklamotten (Nietenhosen), Cowboyhüte und -stiefel zu tragen, war ebenso eine Provokation wie das Hören amerikanischer Western- und Countrymusik, die damals noch *old time music* genannt wurde. Um staatlicher Repression vorzubeugen, zogen sich die Cowboys deshalb unter das schützende Dach der Indianistik zurück. Offiziell pflegte man das indianische Brauchtum, propagierte die »internationale Solidarität« und klärte die Bevölkerung über die »falsche Wildwest-Romantik« der Karl-May-Romane auf.

Die Situation änderte sich erst in den siebziger Jahren. Walter Ulbricht, der übermächtige Staatsratsvorsitzende der DDR, trat 1971 von sämtlichen politischen Ämtern zurück und Erich Honecker löste ihn als Erster Sekretär des Zentralkomitees der SED und als Staatsratsvorsitzenden ab. Im Parteiapparat galt Honecker als »scharfer Hund«: Er war als Sekretär des Nationalen Verteidigungsrates für die Planung der Berliner Mauer verantwortlich und 1965 die treibende Kraft hinter dem »Kahlschlag-Plenum«. Doch anders als Ulbricht, dessen Name in einem Atemzug mit Mauerbau und Repression genannt wurde, war Honecker – trotz seiner langjährigen Funktion als FDJ-Chef – in der Öffentlichkeit ein weitgehend unbeschriebenes Blatt.

Im Juni 1971 beschließt die SED auf ihrem VIII. Parteitag, »das materielle und kulturelle Lebensniveau des Volkes weiter zu erhöhen und durch ein hohes Entwicklungstempo der sozialistischen Produktion, die Erhöhung der Effektivität, den wissenschaftlich-technischen Fortschritt und das Wachstum der Arbeitsproduktivität die Voraussetzungen dafür zu schaffen«.[1] Der Name Honecker stand bald für gesellschaftlichen Aufbruch. Durch seine Politik der »Einheit von Wirtschafts- und Sozialpolitik« verbesserte sich die Versorgung mit Konsumgütern und Wohnungen, mit Bildung und Kultur.

Der neue »Oberindianer«, so nannte Udo Lindenberg Honecker 1983 in seinem Hit »Sonderzug nach Pankow«, forcierte sogar die Entwicklung der volkseigenen Countryproduktion. Schon bei seinem Amtsantritt hatte er für eine Million D-Mark Jeans aus dem NSW (Nichtsozialistisches Währungsgebiet) importieren lassen, später startete er mit den Marken »Wisent«, »Bison«, »Kanada« und »Shanty« die Produktion von Ost-Jeans.[2] Nun waren auch die Cowboys nicht länger Geächtete, zumindest wenn sie fest auf dem Boden des Sozialismus standen. Allerdings sorgte sich die Leipziger SED-Bezirksleitung noch im Juni 1988 anläßlich des 2. Nationalen Indianerfestes in einem Schreiben an die Abteilung Kultur im ZK der SED über die zunehmende »›Pflege‹ von Cowboytraditionen«.[3] Und das vielleicht nicht einmal zu Unrecht. Denn im Rückblick erscheint die Adaption der amerikanischen Alltagskultur als ein frühes Zeichen für den inneren Zerfall der DDR.

Das Fort am Ettersberg

Das Fort am Ettersberg ist die Westernstadt der Wakan Tanka, eines Dakotastammes aus Erfurt. Die Mitglieder dieses 1968 gegründeten Indianistikklubs pflegten seit jeher ihr Faible für Cowboys. Mitte der siebziger Jahre bauten sie eine Stadt mit Saloon, Schlafhaus, Gefängnis und einem Wachturm. Sie befindet sich in unmittelbarer Nähe des 1937 von den Nationalsozialisten errichteten Konzentrationslagers Buchenwald. »Damit hatten wir aber nichts zu tun, außer zum Tanken, da fuhr man manchmal hoch nach Buchenwald«, erzählt der Cowboy Smoky. Die Westernfreunde wußten, daß das Gelände bis 1950 von den Sowjets als Internierungslager genutzt wurde: »Im Wald waren noch die Massengräber aus der Zeit nach 1945. Da durften die Kinder nicht spielen, und wir sind da auch nicht hingegangen.«
Einen Teil des Materials zum Bau ihrer Westernstadt erhielten die Wakan Tanka von Offizieren der nahegelegenen sowjetischen Raketenstellung Weimar-Nohra. »Wir hatten gute Beziehungen zu den Russen, die waren oft bei uns im Saloon.« Bei diesen Gelegenheiten tauschte man dann wertvolles, für den Bau der unterirdischen Bunker der Roten Armee eingeplantes Fichten-Schnittholz gegen

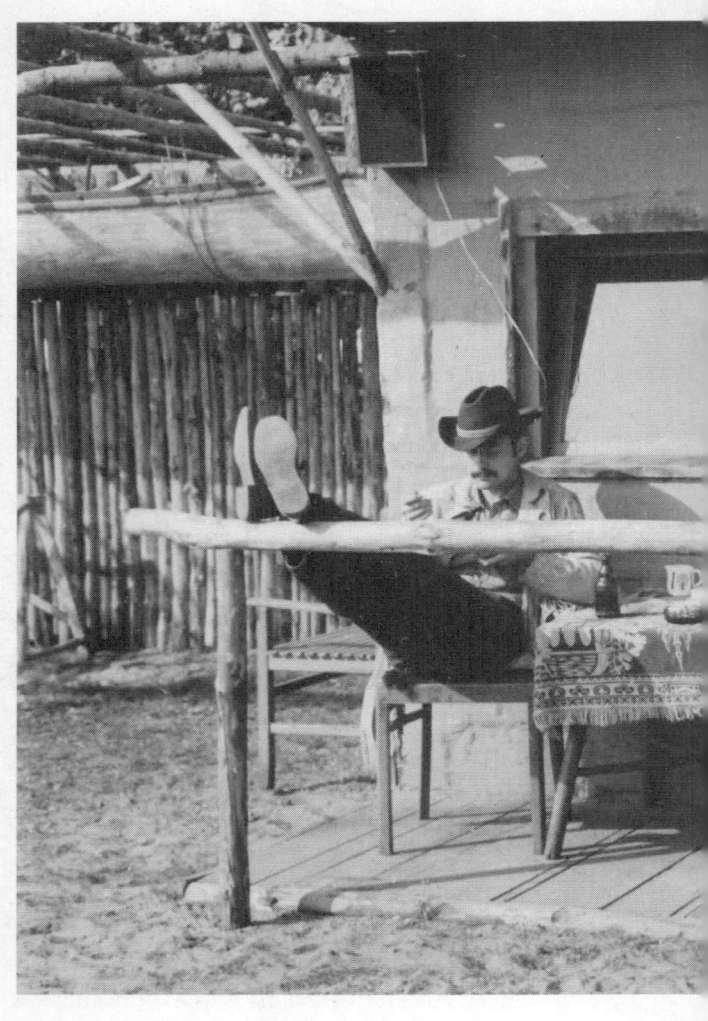

Schnaps und gute deutsche Hausmannskost. »Wenn das rausgekommen wäre, hätte es für die richtig Ärger gegeben«, meint Smoky.

Neben den Wakan Tanka hatten auch viele andere Indianerklubs in den siebziger Jahren einen Saloon oder zumindest eine robuste, gut ausgestattete Blockhütte auf ihrem Gelände. Während man auf Veranstaltungen wie der Week ausschließlich indianisch lebte, trafen sich auf den jährlich stattfindenden Councils die Helden der gesamten Westernwelt: Indianer, Cowboys, Trapper und Ranger. Siegi, ein junger Indianist aus Leipzig, schreibt in seinem Tagebuch über das Council am Ettersberg im Jahr 1976:

> »Nach dem Frühstück ging es [...] zu den angesetzten Cowboy-Wettbewerben neben dem Saloon. Auf DAB-Bierbüchsen wurde nach Zeit geschossen – aus dem Stand, der Hüfte, mit einer Hand und in der Brücke. Nach einem dramatischen Stechen siegte ein Amateur über den einheimischen NVA-Profi. [...] Tausende Zuschauer kamen. Die Straße war kilometerlang mit Autos verstopft.«

Dean Reed

Die als Indianer getarnten Westerner waren die Keimzelle der entstehenden Cowboyszene. Den entscheidenden Schub erhielt die DDR-spezifische Adaption der amerikanischen Popkultur aber erst 1971, als ein echter Amerikaner in das »Reservat« geritten kam: Dean Reed.

Der 1938 in Denver, Colorado, geborene Reed trat in seiner Heimat schon als Teenager mit Gitarre und Countryliedern auf, mit 20 bekam er seinen ersten Plattenvertrag. Auf einer Tournee durch Südamerika lernt er die schrecklichen Lebensbedingungen der einfachen Bevölkerung kennen und wandelt sich zum revolutionären Sozialisten. Seine Waffe ist die Gitarre. »Our Summer Romance« wird 1959 ein Hit in den südamerikanischen Charts, Reed ist dort beliebter als Elvis. Er engagiert sich politisch, wird Mitglied im Weltfriedensrat, unterstützt in Chile den Wahlkampf von Salvador Allende, setzt sich für linke Gewerkschaften ein, agitiert gegen Aufrüstung und den Vietnamkrieg. 1966 geht er auf eine große Tournee durch die UdSSR, 1971 führt ihn sein Weg schließlich zur Leipziger Dokumentar- und Kurzfilmwoche. Zwei Jahre später heiratet Reed eine DDR-Bürgerin und siedelt fest ins Indianerland über. In der Republik wird er sofort ein Star: Dean Reed – Amerikaner, Sozialist, Cowboy.

Protegiert von der SED-Führung, kann Reed sich in der DDR endgültig verwirklichen. Er ist der Star großer Showprogramme, tourt als Sänger durch die ganze Republik, spielt Hauptrollen in Indianer- und Abenteuerfilmen und führt selbst Regie.

In *Blutsbrüder* (1975), dem letzten Film des »Roten Kreises«, spielt Reed neben Gojko Mitic die Hauptrolle. Der US-Soldat Harmonika (Reed) ist an einem Überfall auf ein Indianerdorf beteiligt, die Armee metzelt Frauen, Kinder und alte Menschen nieder. Harmonika ist darüber so entsetzt, daß er die amerikanische Flagge in den Dreck wirft. »Dorthin, wo sie hingehört«, heißt es dazu im Filmprogramm.[4] Auch im wirklichen Leben verkörpert Reed das »andere Amerika«.

»Und sollte man uns fragen
ob wir die Feinde kennen
dann woll'n wir sie gemeinsam
bei ihrem Namen nennen«

Diese Zeilen singt er 1973 auf den X. Weltfestspielen. Für ihn ist klar, wo der Feind steht: auf der anderen Seite des Eisernen Vorhangs. Doch während Reed in der ganzen Welt für Frieden und Menschenrechte kämpft, ignoriert er die Freiheitsdefizite in der DDR – im Gegenteil: Mehrfach rechtfertigt er öffentlich das Grenzregime.[5] 1986 ertrinkt Dean Reed im Zeuthener See. Selbstmord? Ein Unfall? Oder wurde er von der Stasi ermordet, weil er in die USA zurückkehren wollte? Um seinen Tod ranken sich bis heute Legenden.

Das Brauchtum des amerikanischen Landproletariats

Die Kulturfunktionäre, die mit Dean Reed die Amerika-Begeisterung in geordnete Bahnen lenken wollten, scheiterten. Im Schatten der sozialistischen Ikone aus den USA konnten sich nun auch gute DDR-Bürger offiziell mit Countrymusik und der Kultur der Cowboys beschäftigen. Möglich wurde dies durch einen ideologischen Trick: Denn die Cowboys waren keine Imperialisten, so die gegenüber den Behörden vertretene Argumentation. Die Farmen und Rinderherden – also die Produktionsmittel – gehörten ihnen schließlich nicht. Sie seien auch nicht die Indianer mordenden *frontier men* und Outlaws gewesen, als die sie oft fälschlicherweise dargestellt würden, sondern die unterste Stufe des amerikanischen Landproletariats.

Mit dieser offiziellen Legitimation und dem Ziel, Geschichte und Brauchtum dieser Klasse wissenschaftlich aufzuarbeiten, entstanden in den achtziger Jahren Hobbygruppen wie Bell-City (Apolda), Country Club Brandenburg, Dark Mountain (Finsterberge), Silberdollar (Gotha), The Wild City Riders (Karl-Marx-Stadt), der Country Club Wogau, Green Mountain (Zella-Mehlis) und viele andere. Man sprach über »Weiber« und soff dazu Falkner, den einzigen Whiskey der DDR. »Der schmeckte wie ein Schlag in die Fresse«, erinnert sich der Cowboy Sven. Kurzum: Die Cowboys hatten im Wilden Osten einfach Spaß.

Vom offiziellen »Ober-Cowboy« Dean Reed distanziert sich die Szene allerdings. »Die meisten von uns«, so der DDR-Countrystar und Konzertveranstalter Peter Tschernig, »schätzten ihn als Politsänger ein. Für die FDJ hat er ja ohne Ende gemuggt. Aber mit der Countryszene hatte er eigentlich nichts zu tun.« Denn mit der Agitation für Weltfrieden und -revolution hatten die Ost-Cowboys wenig am Hut: »Uns ging es um Lagerfeuer, Rinder, Goldsuche, um die einfache Lebensform und die Freiheit, aber auch um das Entbehrungsreiche daran. Zugegeben: Es ging auch ums Whiskeysaufen und die Schießereien«,[6] erinnert sich Loman, eine Cowboylegende aus Thüringen, der Mitte der achtziger Jahre durch die Herstellung von originalgetreuen und aufwendigen Westernsatteln, Cowboyhüten und Gürteln bekannt wurde.

Unter den vielen in den achtziger Jahren gegründeten Cowboyclubs ist auch die Berliner Kulturgruppe für Countryfolklore The Plains Riders. Kathrin, eine der Gründerinnen, stieg 1984 in die Szene ein. Auf einer Countrymusik-Veranstaltung im Kulturhaus Karlshorst wurde die Gründung eines Cowboy-Gruppe bekanntgegeben.

»Das [erste] Treffen findet am Sonntag, den 28. Oktober 1984, statt. Alle Interessenten werden gegen 14.00 Uhr am Hinterausgang vom S-Bahnhof Grünau erwartet. Ihr werdet dort von uns abgeholt, und wir zeigen euch den Weg zu unserer Ranch in Bohnsdorf«,

heißt es dazu in der schriftlichen Einladung. Nach einer Reihe von Streitereien, Zerwürfnissen, Neugründungen und Umbenennungen finden sich dann im November 1987 die Plains Riders zusammen. Sie wollen Countrymusik hören und dazu Squaredance üben. »Wir haben damals aus Scheiße Bonbons gemacht«, erzählt Kathrin, »und uns ein Leben jenseits der sozialistischen Arbeiterklasse aufgebaut.« Politische Diskussionen habe es im Saloon nie gegeben: »Wir haben das ausgeblendet und unsere Nische genutzt, unsere kleine heile Welt.«

Neben den Plains Riders gründeten sich in Berlin die Klubs The Last Frontiers und Country Express Berlin, Countryfeten sind bald ein fester Programmpunkt in vielen Jugendklubhäusern (JKH). Im JKH Dr. Victor Aronstein in Hohenschönhausen wird sogar ein richtiger Saloon eingerichtet. Im Osten trinkt man nicht nur Falkner, es wird auch viel getanzt und geritten. Im April 1989 wird der erste und einzige Squaredance Klub im Kulturbund der DDR gegründet: der SDC White Magpie Plauen. Im selben Jahr findet auch der erste Pony-Express auf dem Territorium der DDR statt. Am 21. Juli starten sechs Reiter am Elbufer am östlichen Stadtrand von Dresden, in sieben Stunden legen sie 60 Kilometer zurück und pünktlich um 22 Uhr übergeben sie an der Grenze ihre Briefe an Westernreiter aus der ČSSR.

Country und Western waren also groß in Mode, doch auch

im Hobby kannten alle die Spielregeln: So hieß es etwa in der Klubsatzung der Plains Riders unmißverständlich: »Ausschluß aus der Kulturgruppe [droht...], wenn ein Clubmitglied die Absicht hat, aus der DDR auszureisen.«

Country Made in GDR

Zu den Countryfeten gehörte natürlich auch gute Country- und Westernmusik. Die ist noch in den fünfziger und sechziger Jahren verpönt, doch heimlich hörten viele Indianerfreunde und Ost-Cowboys die entsprechenden Sendungen von AFN, RIAS und SFB 2. Dabei war allerdings große Vorsicht geboten, schließlich rissen FDJ-Kommandos damals manchem die Antenne vom Dach.[7] Wer Verwandte im Westen hatte, konnte sich Schallplatten über die Grenze schmuggeln lassen, und in den siebziger Jahren kamen aus der ČSSR, der VR Polen und der Ungarischen VR vermehrt Country-Platten ins Land.

Außerdem existierten bereits in den sechziger Jahren Bands wie Die lustigen Holzhacker-Boys und Lord Meyers Gruppe Bonanzas, die gemeinsam mit den Indianistikgruppen auftraten und für die entsprechend »authentische« Untermalung der Shows der Volkskunstkollektive sorgten. Die Bands spielten auch bei den abendlichen Feten in den Saloons, blieben jedoch zunächst eine Randerscheinung. Eine eigene Szene mit Bands und Konzerten gab es nicht.

Das änderte sich jedoch 1977. Von »ganz oben« sei damals der Auftrag gekommen, ostdeutsche Countrymusik zu produzieren, erinnert sich Peter Tschernig, bis heute eine Größe der ostdeutschen Szene. Als ausgebildeter »Plattenunterhalter«, so hießen DJs in der DDR, legte Tschernig in den siebziger Jahren Abend für Abend im Interhotel Karl-Marx-Stadt auf, in dem auch viele Touristen aus dem Westen abstiegen. Deshalb hatte er eine umfangreiche Sammlung mit Schallplatten, die der durchschnittliche DDR-Bürger nicht zu Ohren bekam. Dazu gehörte natürlich auch Country. »Eines Tages standen die Jungs von Express Berlin vor der Tür.« Express Berlin war damals eine im Osten sehr erfolgreiche Rockband. Das Kulturministerium der DDR plante etwas Neues: »Country made in GDR«, und die Band sollte die ersten Countryhits aus volkseigener Produktion einspielen. Tschernig legte für den Besuch aus Berlin seine Johnny Cash-Platten und noch ein paar andere Sachen auf, damit sie eine Idee von dieser Musik erhielten. Keiner der Rocker hatte eine richtige Countrystimme, tief und rauchig, Tschernig schon. Country Express, die erste staatlich geförderte Countryband der DDR, war geboren – mit Peter Tschernig als Leadsinger. Schon 1978 nahmen sie die erfolgreichen Songs »Ich hab zu Haus' ein Puzzlespiel« und »Schlaf schön, Rosemarie« für den Rundfunk der DDR auf. Aber die Jungs von Express Berlin hatten schnell keine Lust mehr auf Country, sie wollten lieber wieder auf Rock umsteigen. Tschernig stand plötzlich ganz alleine da. Solo nahm er 1979 »Ich fahr das Taxi 408« auf, bis heute sein größter Hit. Bis 1989 folgen zwei Langspielplatten und mehrere Singles, aus dem Plattenunterhalter wird der bekannteste Countrymusiker Ostdeutschlands.

»Country«, sagt Tschernig, »heißt, echte Geschichten aus dem Alltag erzählen. Geschichten, die nachvollziehbar sind. Mit deutschen Texten, die eine Aussage haben. Lieder mit Poesie.« Tschernig sang in seinen Songs über das ganz normale Leben, für ihn hatte das »mit Freiheit und Westen gar nichts zu tun«. Er identifiziert sich mit der DDR und arbeitet ab Mitte der achtziger Jahre im staatlichen Komitee für Unterhaltungskunst und bestimmte so die Entwicklung des »Country made in GDR« und die Umsetzung der entsprechenden kulturpolitischen Richtlinien mit. Die DDR verlassen – das wäre ihm nie in den Sinn gekommen.

Auch der Berliner Harald Wilk ist ein Urgestein der ostdeutschen Countryszene. Ab 1980 gehört er zur Band Country Co. Der ausgebildete Musiker hatte zwar einen gutbezahlten Job in einer Tanzkapelle, doch die Idee, Country zu machen, ließ ihn nicht los. Also kratzte er sein ganzes Geld zusammen, kaufte mit den Leuten von Country Co. eine Anlage und begann zu proben. Die Gruppe ist schnell erfolgreich, die Fangemeinde wächst, doch bald gibt es bei Country Co. Streit, Wilk gründet 1985 eine neue Band: Wilk & Friends. Sie touren das ganze Jahr durch die Republik, absolvieren oft mehrere Auftritte an einem Tag: »Das war eine Hysterie, wir waren die Allergrößten. Und Weiber hatten wir damals ohne Ende. Hinter der Bühne wurde damals echt viel gebumst. Und wenn sie dir einen geblasen hat und die Tür ging auf, dann hat sie halt gehustet.«

Zusätzlich verdient Wilk mit seiner Musik einen Haufen Geld, die Gruppe bekommt bis zu 8000 Ostmark für einen Abend: »Alle zwei Jahre hatte ich ein neues Westauto. Und wir haben im Intershop eingekauft.« Nebenbei baut er ein kleines Import-Export-Geschäft auf: »Im Osten gab es keine guten elektrischen Instrumente, schlechte Verstärker, keine guten Gesangsanlagen. Das hatten wir alles ausm Westen. Ich habe die Sachen über dunkle Kanäle besorgt. Marktwirtschaft eben.«

Er handelt mit E-Gitarren, Verstärkern, Mikrophonen, Aufnahmegeräten und Autos, seine Kunden können bei ihm in Ostmark bezahlen – immer im Kurs »1:4, 1:5. Es gab ja viele Wessis, die hier ihre Mädels hatten, und denen immer alles bezahlten«.

Wilk ist in der DDR ein richtiger Star. Ihm geht es gut, politisch sei er nie gewesen, erzählt er heute. Die Stasi beobachtete ihn zwar, aber wegen seiner Deals, nicht wegen der Musik. »Ich hab nie öffentlich gegen das System geschossen. Warum hätte ich das tun sollen? Ich war kein Wolf Biermann.« Wilk paßt sich den Bedingungen des real existierenden Sozialismus an und profitiert vom System.

In der ganzen Republik entstehen damals Countrybands, die bekanntesten heißen Bibers Farm, Brigitte & Co., Country Pur, Country Tramp, Ecke & Co., Whiskey & Soda, Steigbügel, Hufeisen, Susie & Co., Kactus, Convoy, Alarm, Linda Feller, die Fox Tower Blue Grass Band, Westend, das Duo Blockhaus, Floyd Eagle, Saloon Inn, Simple Song, Wagner & Co., Bernd B Solo und Winni II.

Junge Amateurbands gehen sogar in der UdSSR auf Tournee. Sie sollen die ostdeutschen Bauarbeiter unterhalten, die in Sibirien am »Zentralen Jugendobjekt Erdgastrasse« eingesetzt werden, einer Pipeline, die den Ostblock mit sowjetischem Erdgas versorgen soll. Hier können die Countrybands einen handfesten Beitrag zum Aufbau des Sozialismus leisten und sich ihre Sporen für die Karriere als Profimusiker verdienen. »Das war unser Wilder Westen!« erzählt Gudrun Lange, damals Leadsängerin von Kactus. Die Tournee ist hart. Erst mehrere Tage Bahnfahrt von Moskau nach Sibirien, dann von einer Baustelle zur nächsten, dazwischen oft für hunderte von Kilometern nichts als Wildnis. Morgens spielen die Bands für die Arbeiter der

Nachtschicht, am selben Abend stehen sie für die Spät-
schicht auf der Bühne.

In der DDR erfüllt die Countrymusik in den achtziger Jahren eine politische Funktion, sie wird zu einem Bestandteil
des Systems. »Country«, so sieht es auch Wilk, »bedeutete
für die Leute ein kleines Stück Freiheit. Die Stasi hatte eben
verstanden. Und so haben wir die Leute ruhiggestellt, indem wir ihnen ein kleines bißchen Freiheit gegeben haben.« Die Lieder üben keine Systemkritik, sondern sind in-
tegrativ. Sie erzählen von den kleinen, lösbaren Problemen
des Alltags. Für Gudrun Lange ist Country deshalb volks-
verbundene, einfache Musik – Heimatmusik eben.

In der zweiten Hälfte der achtziger Jahre zieht die Cowboyromantik ein Massenpublikum an, Country wird Teil
des Mainstream. Sogar Bands aus der Bundesrepublik und
Westeuropa geben in der DDR Konzerte, 1989 tourt Western Union als erste westdeutsche Band für 14 Tage durch
die DDR. Große Häuser wie der Dresdner Kulturpalast
präsentieren Countryshows: »Country-Corall« (1988)
und »Country und Company« (1989). Mit dabei sind laut
einem Bericht der *Sächsischen Zeitung* neben Bands aus der
ČSSR, Dänemark und der Schweiz »unsere tonangebenden
Gruppen Wilk and Friends (Berlin), Kactus (Augustus-
burg), Fox Tower Blue Grass Band (Jena) und Wolfram
Wischott von der elb river skiffle group (Dresden) [, die]
man nur selten gemeinsam zu sehen und zu hören« bekommt. »Country und Company« ist restlos ausverkauft
und wird vom Fernsehen der DDR übertragen.

Auch auf DT64, dem Jugendradio der DDR, gibt es seit
1987 alle vierzehn Tage eine Countrysendung. Ab 1988
kommt dienstags, um 12 Uhr mittags, die Sendung »Hei-
Nun-Country«, und 1989 startet die »Countrythek«. Auf

Amiga, dem volkseigenen Label, erscheinen nicht nur Platten mit den großen Hits von Johnny Cash (1980) und Sampler mit Coverversionen anderer amerikanischer Superstars, sondern auch die erste »Bestandsaufnahme der Hits der DDR-Countryszene«, die LP *Country tut gut* (1989). Der unangefochtene Bestseller ist die Platte *Country Roads* aus dem Jahr 1985, von der bis 1989 über eine Million Exemplare verkauft werden.

Die Höhepunkte der Szene sind die beiden Countrywerkstätten, die im April 1988 und 1989 im thüringischen Gotha stattfinden. Hier gibt es nicht nur Musik, sondern auch Diskussionen. In Seminaren debattiert man über die Zukunft der Countrymusik in der DDR. An der 2. Country-Werkstatt nehmen neben den besten 27 Bands und Solointerpreten des DDR-Country auch Verantwortliche staatlicher Institutionen teil: Sie kommen vom Zentralrat der FDJ, von der Künstleragentur der DDR, vom Ministerium für Kultur, vom Komitee für Unterhaltungskunst und der SED-Bezirksleitung. Nancy Wood, eine westdeutsche Countrylady und Radiomoderatorin, schneidet die gesamte Veranstaltung offiziell mit, macht Interviews und berichtet in ihrer Sendung auf Radio Bremen darüber, »wie es bei unseren deutschen Nachbarn jenseits der Grenze in Sachen Country aussieht«.

Auch die in Westberlin erscheinende Szenezeitung *Western-Mail* berichtet regelmäßig von den Veranstaltungen im Osten, und viele Westberliner Cowboys besuchen Konzerte auf der anderen Seite der Mauer. Doch der innerdeutsche Austausch findet auch in die andere Richtung statt. Peter Tschernig, der als angesehener Profimusiker einen Reisepaß bekommen hat, kann regelmäßig »nach drüben« fahren. 1988 nimmt er zusammen mit Larry Schuba, dem

Sänger von Western Union, eine »gesamtdeutsche« Single auf, die in der DDR und der BRD gleichzeitig auf den Markt kommt.

Die DDR wird zum Countryland, die einfachen Leute aus den Plattenbausiedlungen finden ihre Träume von der Freiheit in der staatlich geförderten, deutschsprachigen Countrymusik und den Trucker mit Cowboyhut und »stone washed«-Jeans wieder. Oder, wie Gudrun Lange singt: »Hinter mir stehen bärenstarke Cowboys, Jungs, die voll auf Countrymusic stehen.«

Die inneren Rebellen

Es gibt allerdings Westernfreunde, die mit Country, Whiskey und Cowboyromantik nicht länger zufrieden sind, rebellische Stimmen, die nicht vom Mainstream aufgesogen werden wollen. Auch für diese widerständigen Geister hält die Szene ein Rollenmodell bereit: den amerikanischen Bürgerkrieg. Schon in den siebziger Jahren tauchten zum ersten Mal vereinzelte »Uniformierte« auf den Councils und ähnlichen Veranstaltungen auf; ihr erstes großes Treffen fand allerdings erst 1985 in Riesa statt. Dort finden sich die Soldaten im verborgenen zusammen, sie bereiten sich sozusagen heimlich auf den Bürgerkrieg vor. 1986 nehmen wieder zehn Uniformierte am Council teil. Sie tragen historische Blauröcke und sprechen sich mit Dienstgraden an. Indianisten, aber auch sozialistische Cowboys sind vor den Kopf gestoßen, es kommt zum Streit. Die Uniformierten versuchen sich mit dem Argument zu rechtfertigen, der Bürgerkrieg habe doch immerhin zur Abschaffung der Sklaverei geführt, doch damit lassen sich die Indianisten nicht beruhigen. Ihnen geht es um die Pflege indianischen Brauchtums und die Rehabilitierung des Landarbeiterproletariats, doch bei Soldaten, Militaristen und Indianermördern hört die Freundschaft auf. Zudem hat man auf dem vorbereitenden Chiefpalavern entschieden, Uniformierte nicht zum Council zuzulassen, der Beschluß wird im Folgejahr bestätigt: »Ein Verbot zum Tragen von Uniformen soll nicht in die Council-Ordnung aufgenommen werden, Uniformen sollen aber trotzdem nicht getragen werden«, heißt es im Protokoll.

»Doch dann hat sich der Wind gedreht«, berichtet Geli, begeisterte Indianistin und damals Kulturamtsleiterin in Olbernhau, einer Kleinstadt im Erzgebirge. Zu den offiziellen Festen, die sie damals organisierte, kamen die Besucher oft nicht mehr im klassischen Western-Outfit – kariertes Hemd, Jeans und Cowboyhut –, sondern in auf Bürgerkriegsuniformen getrimmten blauen Reichsbahnerjacken oder in selbstgenähten Grauröcken. Nicht nur im Erzgebirge gewannen damals die Südstaatler die Oberhand. Viele der Cowboys und Countryfans verstanden sich als heimliche Rebellen. Loman, die Cowboylegende aus Thüringen, drückt es heute so aus:

»Wir haben damals die Fahne der Konföderierten gewählt, weil wir dokumentieren wollten, daß wir gegen den Staat waren. Allerdings nur so weit, wie es in der DDR eben ging, denn wir waren ja keine Helden oder Selbstmörder. Wenn man richtig protestiert hätte, wenn man sich hingestellt und gegen Honecker demonstriert hätte, dann wäre das zwar redlich gewesen, aber auch das Ende deines Lebens. Das wollte keiner von uns. Wir wollten nur ein bißchen provozieren. Countrymusik

und Rebellenfahne waren der Inbegriff für unsere inner-
liche Auflehnung. Also gegen das, was man mit uns gemacht hat, dieses ewige Reglementieren, Bevormunden,
Degradieren und Zusammenstauchen.«

Neben Geli waren auch andere Kulturfunktionäre in der
Südstaatlerszene aktiv. Sven, ein hauptamtlicher FDJ-
Sekretär, fungierte gleichzeitig als Chef des Country Club
Brandenburg (CCB). Er war ein unangepaßter Funktionär,
die Mitgliedsbeiträge seiner Lehrlinge trieb er schon mal
mit Armdrücken ein. Seine Möglichkeiten nutzte er, um
eigene Vorstellungen umzusetzen. Um die Zeitschrift
Brandville News zu drucken, verwendete er Mittel der
FDJ. Für deren Pfingsttreffen hatte er ein Kontingent
Hochglanzpapier organisiert: »Da bin ich in die Druckerei
und hab gesagt: ›Paß auf, wir machen das anders. Du
druckst mir die Handzettel der FDJ auf stinknormales
Toilettenpapier, die Countryzeitschrift machste auf Hoch-
glanz.‹«
Mit seinem Club veranstaltet er immer mehr Feten: Coun-
tryweihnachtsfeiern, Countryfrühschoppen zum 1. Mai,
große Country-Weekends und einen Südstaatenjahrmarkt.
Besonders wichtig ist ihm, daß nicht nur gute Musik ge-
spielt, sondern auch ein spannendes Showprogramm geboten wird. So tanzt das Arbeiterballett des Stahlwerks
Brandenburg eigens einstudierte Cowgirlnummern, und
die Stuntgruppe »Kaskadeure Spezial« der DEFA zeigt
wilde Cowboyschlägereien. »Höhepunkt des Südstaaten-
jahrmarkts«, erzählt Sven, »war die Tortenwurfwand.« Das
war eine Überraschung von ein paar befreundeten Südstaatlern. Die kamen an und sagten: »Paß uf Svene, wir haben dir was mitgebracht. Unsere Mädels haben alle Torten

gebacken.« Aus Bettlaken hatten sie eine Wand aufgebaut und aus dieser schauten mit schwarzer Schuhcreme bemalte Gesichter. »Und da konnteste für fünf Mark 'ne Torte nehmen und denen in die Fresse wuchten.« Natürlich mußte er dafür auch Kritik einstecken, manche fanden das rassistisch. »Die sollten sich lieber mal locker machen. Das gehörte einfach dazu«, meint er heute, das sei eben »authentisch« gewesen.

Mit Politik hätten diese Veranstaltungen wenig zu tun gehabt, erzählt Sven. »Na gut, unbewußt lief da schon was. Ich hab zum Beispiel einen Aufkleber mit dem Bild von Gorbatschow und mit dem Schriftzug *good morning future* entworfen, auf unseren Partys war das einfach der Renner.« Auch Sven bekam es mit der Staatssicherheit zu tun. Bei seinen Treffen waren oft Cowboys aus Westberlin dabei, dem kapitalistischen Fort mitten im Reservat DDR. Kontakte zwischen DDR-Bürgern und Besuchern aus dem Nichtsozialistischen Ausland wollte die Stasi unter Kontrolle haben. Deshalb mußte Sven bei seinen Veranstaltungen Freikarten für die »Jungs vom Konsum«, wie er die hauptamtlichen Mitarbeiter der Stasi nannte, bereithalten. »Denen habe ich Anstecker in einer extra Farbe basteln lassen. So konnten unsere Leute sehen, mit wem sie es zu tun hatten«, erzählt er heute lachend. Allerdings ging es mit den Sicherheitsorganen nicht immer so lustig zu: Im Juni 1989 gibt Sven dem Sender Freies Berlin ein Interview über seinen Country Club, prompt wird er von seiner Veranstaltung in Handschellen abgeführt. Nach Svens Verhaftung kommt es zur Rebellion. Die Jungs von The Last Frontiers, einem Berliner Südstaatler-Klub, und Ecke von der Band Ecke & Co. gehen auf die Bühne und sagen: »Bevor es hier weitergeht, holen wir erst mal unseren Veranstalter aus dem Knast.« Ein Protestzug von 500 Mann, alle in Bürgerkriegsuniform bzw. Cowboykluft, marschiert in Richtung Volkspolizei. Bevor die aufgebrachte Meute die Dienststelle erreicht, wird Sven freigelassen. Die Fete kann weitergehen.

Anmerkungen

1 Honecker, Erich, *Aus meinem Leben*, Berlin 1987, S. 244.
2 Vgl. Menzel, Rebecca, *Jeans in der DDR. Vom tieferen Sinn einer Freizeithose*, Berlin 2004, S. 90ff.
3 Schreiben von Dr. Kurt Meyer an Ursula Ragwitz, 10. Juni 1986, Sächsisches Hauptstaatsarchiv Leipzig.
4 PROGRESS Film-Verleih (Hg.), *Blutsbrüder. Film für Sie*, Leipzig 1975, o. S.
5 Unter anderem rechtfertigte er im April 1986 in einem Fernseh-Interview für die Sendung »60 minutes«, für das ein Team des CBS nach Berlin gekommen war, die Mauer und das Grenzregime der DDR.
6 Das Interview mit Loman führte Sandra Löhr für die von Friedrich von Borries und Torsten Fremer kuratierte Ausstellung Wild Wild EAST, die 2004 in der Galerie für Zeitgenössische Kunst in Leipzig gezeigt wurde, vgl. auch Löhr, Sandra, »Traum von den Cowboys«, in: *die tageszeitung* vom 28. März 2003.
7 Besonders massiv wurde gegen den negativen Einfluß der »Nato-Sender« im Rahmen der 1961 beginnenden »Aktion Ochsenkopf« vorgegangen. Vgl. Mählert, Ulrich/Stephan, Gerd-Rüdiger, *Blaue Hemden, Rote Fahnen. Die Geschichte der Freien Deutschen Jugend*, Opladen 1996, S. 142f.

Sicherheit im Zeltlager

Eigentlich hatte die Stasi das Land fest im Griff. 1950 gegründet und seit 1957 unter der Leitung von Erich Mielke, war sie der heimliche Herrscher der DDR. Bis zur Wende wuchs der Apparat des Ministeriums beachtlich an; von insgesamt 10 700 Mitarbeitern 1952 auf über 90 000 hauptamtliche und über 170 000 inoffizielle Mitarbeiter 1989.[1] Damit kamen auf 180 DDR-Bürger ein Hauptamtlicher und zwei inoffizielle Zuträger.[2] Die Stasi, die sich als »Schild und Schwert der Partei« verstand, sollte die DDR nach innen und nach außen vor den Gegnern der Arbeiterklasse schützen. In der praktischen Arbeit entwickelte sie ein breites Repertoire an Mitteln und Methoden, um den Arbeiter- und Bauernstaat gegen den Klassenfeind zu verteidigen.

Neben Repression setzte die Stasi vor allem auf »vorbeugende Arbeit«, Probleme sollten erkannt und verhindert werden, bevor sie entstanden. Sie hatte den Anspruch, die gesamte Gesellschaft zu steuern, mußte über alles im Bilde sein und allumfassend Informationen sammeln. Auch wenn die meisten Indianisten gute Bürger der DDR und nicht etwa Rebellen oder Aussteiger waren, beobachtete die Stasi den kulturellen Freiraum, den die Szene bot, sorgfältig. Kurz nach ihrem Entstehen war die Szene von Spitzeln durchsetzt.

»Hallo, hier ist Uwe von der FDJ-Kreisleitung. Ich rufe wegen der Mitgliedsbeiträge an«, so lautete der Code der Staatssicherheit, wenn sie mit IM Inka telefonischen Kontakt aufnehmen wollte.[3] IM Inka war einer ihrer Männer bei den Indianerfreunden, FDJ-Sekretär seines Klubs und SED-Mitglied. Von 1967 an berichtete er über acht Jahre lang aus dem Kluballtag, übergab Fotos und Adreßlisten. Außerhalb seiner Tätigkeit als »Kundschafter für den Frieden« (so die DDR-Bezeichnung für Spione) bei den einheimischen Indianern »sichert« er, so steht es in seiner Akte, 1968, nach der Niederschlagung des Prager Frühling, den Rückzug der DDR-Truppen von der Grenze zur ČSSR. Mit seinem Motorrad fährt er die Landstraßen ab und hält nach Provokateuren Ausschau. IM Inka war auch regelmäßig auf der Frühjahrs- und Herbstmesse in Leipzig »im Einsatz« und fuhr am Wochenende schon mal durch die Kneipen der Region, um Leute auszuhorchen. Neben Benzingeld gab es für die dankenswerte Arbeit auch mal ein besonderes Geschenk, zum Beispiel das Damastbettzeug zur Hochzeit, mit 102 Mark damals eine großzügige Belohnung.

IM Inka war kein Einzelfall. In allen Indianistikklubs gab es Stasi-Spitzel, die Aufträge ausführten und Informationen sammelten. Das Verhalten der Cowboys und Indianer, ihre Councils, Weeks und Chiefpalaver, Solidaritätsstände und Countryfeten, nahezu alles beobachtete das Ministerium für Staatssicherheit. In »Operativen Personenkontrollen« (OPK) wurden alle als Feinde des Sozialismus definierten Menschen »bearbeitet«. Es reichte schon aus, wenn sich jemand negativ über die Verhältnisse in der DDR äußerte, um gegen ihn eine OPK zu eröffnen. Im Rahmen einer solchen Maßnahme setzte die Stasi inoffizielle Mitarbeiter auf den Verdächtigen an, führte Post- und Telefonkontrollen durch und durchleuchtete das Leben dieser als eventuell »feindlich-negativ« einzustufenden Person. Wenn die Ermittlungen auf einen Verstoß gegen einen politischen Paragraphen des Strafgesetzbuches der DDR hindeuteten, wurde die Person zum Objekt eines »Operativen Vorgangs«.

Mit seiner Arbeit verfolgte das MfS das Ziel, potentielle Systemkritiker frühzeitig zu erkennen, um gegenzusteuern und gegebenenfalls ihr Umfeld zu »zersetzen«. In solche Maßnahmen bezog die Stasi den Freundes- und Bekanntenkreis, die Familie und die Arbeitsstelle der Verdächtigen mit ein.

Die konservativen Karl-May-Freunde von Old Manitou, in der Mehrzahl Selbständige, die sich nicht in den Arbeiter- und Bauernstaat integrieren wollten, überwachte die Staatssicherheit von Beginn an. Denn mit dem Sozialismus und der offiziellen Ideologie hatten Powder Face und seine Krieger wenig am Hut. »Das wir keine Roten waren, wußte jeder«, sagt Red Mokassin heute. Das war auch den Sicherheitsorganen klar. In einer Akte des Volkspolizeikreisamtes Dresden aus dem Jahr 1963 findet sich dazu folgende Einschätzung:

> »Bei diesem Indianerclub handelt es sich um eine Gruppierung, die nicht der sozialistischen Entwicklung entspricht und in der Auffassungen und Lehren über die Indianer gepflegt und verbreitet werden, die geeignet sind, das Leben der Indianer zu diskriminieren und die der westlichen Indianerromantik entsprechen.«[4]

Leute wie Powder Face galten als Klassenfeinde. Mit dem Vorwurf der »staatsfeindlichen Hetze«, den die Stasi gegen ihn und seinen Freund Crazy Horse erhob, schaltete der SED-Staat damals viele politisch Mißliebige aus. Wenn es auch nicht zu einer Anklage gegen Powder Face kam, Old Manitou war verdächtig. Auch 1966 bemängelt die Stasi »Verbindungen des Clubs zu gleichartigen Clubs in West-deutschland und der damit verbundenen ideologischen Be-einflussung«.[5] Deshalb suchte die Stasi nach immer neuen IM unter den Mitgliedern des Klubs. Den IM-Kandidaten, so scheint es, war dabei manchmal nicht bewußt, wie ihnen geschah. Denn die Anwerbung war ein komplizierter, psy-chologisch ausgefeilter Vorgang. Dem eigentlichen Ver-pflichtungsgespräch ging ein langwieriger und gründlicher »Vorlauf« voraus. Dabei sammelte die Stasi Material über den Kandidaten, untersuchte das familiäre Umfeld und prüfte die individuelle Eignung. Erst dann sprach der Stasi-Mitarbeiter die Person direkt an, meist unter Nutzung ei-ner »Legende«. So wird IM Gerhard von der »Kriminal-polizei« gebeten, bei der Aufklärung eines Diebstahls von 400 völkerkundlichen Gegenständen aus dem Indianermu-seum mitzuhelfen.[6] Er soll sich einfach mal im Klub umhö-ren, die Augen offen halten. Diesem Anliegen kann er sich als Karl-May-Freund nicht verschließen. Mehrfach trifft er sich mit einem Mitarbeiter der Volkspolizei, wird aber als unkooperativ eingestuft. Fortan steht er unter operativer Beobachtung, um, so der handschriftliche Vermerk in sei-ner Stasi-Akte, »kompromittierendes Material zu erarbei-ten« ...

Die Versuche, Radebeuler Indianerfreunde anzuwerben, zeigen, mit welchen Mitteln die Stasi arbeitete. IM Werner Symang wird 1970 von einem Mitarbeiter des Ministeriums zu Hause besucht. Dieser konfrontiert ihn mit einer erfundenen Geschichte. Man habe einen Spion in Berlin verhaftet, der die Adresse und ein Bild von ihm bei sich hatte. Die Stasi müsse deshalb davon ausgehen, daß »eine Geheimdienststelle der Bundesrepublik«[7] ihn als Agenten anwerben wolle. Dies liege bei seinen umfangreichen Kontakten zu Karl-May-Fans in Westdeutschland nahe.

> »Daraufhin wurde ihm aufgezeigt, daß wir als Sicherheitsorgan der DDR nichts gegen seine Person haben. Deshalb auch das Gespräch in seiner Wohnung und nicht in der Dienststelle führen, die ganze Angelegenheit aber zwei Seiten hat. Einmal sein sicher vorhandenes persönliches Interesse, das Problem zu klären und zum anderen das Interesse der Sicherheitsorgane, unsere Bürger vor Angriffen feindlicher Kräfte vorbeugend und wirkungsvoll zu schützen und rechtzeitig über Pläne und Absichten des Feindes informiert zu sein, um diese im Keime zu ersticken.«[8]

Die Anwerbung ist erfolgreich, der Stasi-Bericht schließt mit der Erfolgsmeldung:

> »S. erklärt seine Bereitschaft [...], die Sicherheitsorgane nach seinen Kräften zu unterstützen und war mit einer weiteren Zusammenkunft einverstanden. Er wird sich ernsthaft Gedanken darüber machen, über welche Personen aus seinem Bekanntenkreis bestimmte Informationen [...] auf die andere Seite gelangt sein könnten.«[9]

Die Staatssicherheit beobachtete auch die Ökos, Assis und Aussteiger. Über Hartmut, den Öko-Häuptling aus Hohen-Neuendorf, berichteten zwei IM. Die verantwort-lichen hauptamtlichen Mitarbeiter überlegten sogar, eine Wohnung in seinem unmittelbaren Wohnumfeld anzumie-ten, um ihn rund um die Uhr überwachen zu können. Da-bei stand Hartmut dem Sozialismus nicht grundsätzlich ablehnend gegenüber, er machte sich lediglich Sorgen um die Umwelt.

Manchmal reichte bereits ein naives Interesse am Leben der Indianer, um ins Blickfeld der Stasi zu geraten. Die OPK »Indianer«[10] berichtet über einen Vorfall im April 1982. Jenny[11] ist 15 Jahre alt, besucht die 9. Klasse einer POS (Polytechnischen Oberschule) in Berlin. Sie ist eine sehr gute Schülerin, engagiert sich als Leiterin einer Arbeits-gemeinschaft »Erste Hilfe« des Roten Kreuzes. Dann gründet Jenny mit ihren Freunden einen »Club für Ethno-graphie und Völkerrecht«, denn sie interessiert sich für das Leben und die aktuelle politische Situation der Indianer. Sie studiert die verfügbaren Informationen, verfaßt Pro-testresolutionen und erarbeitet eine Bildmappe, die sie zur »Messe der Meister von Morgen«[12] einreicht. Auf der Su-che nach aktuellen Publikationen besucht sie gemeinsam mit zwei Klassenkameraden dreimal die Bibliothek des »Objektes 501«, wie die Stasi die Ostberliner Botschaft der USA nannte. Das war in der DDR zwar nicht verboten, aber verdächtig. Schließlich hatte man bei solchen Gele-genheiten Kontakt zu Personen aus der Heimat des impe-rialistischen Klassenfeindes. Vielleicht hatte dieser »feind-lich-negative Pläne« und versuchte, Agenten anzuwerben. Personen, die die Botschaft eines westlichen Landes besuchten, wurden kontrolliert und bekamen eine OPK. Die Stasi ermittelt nun gegen Jenny und ihre Freunde zur »vorbeugenden Verhinderung« von »feindlich-negativen

2385/85

○ ○

○

◯

○

○

AOPK **V**

Reg.-Nr. __XIV__ __2 97/83__, Karl-Marx-Stadt

„Tomahawk"

Beginn   0 8. Feb. 1983 W

Beendet   3 1. 05. 85

Archiv-Nr.   **2385**/85

Band-Nr.   **I**

Karl - Marx - Stadt

T-GLEIT -Hefter
Bestell-Nr. T 108/So
VEB Organisations-Technik Riesenberg
V 10 23 AG 315-09-89

Der Bundesbeauftragte für die
Unterlagen des Staatssicherheitsdienstes
der ehemaligen
Deutschen Demokratischen Republik
Außenstelle Chemnitz
Jagdschänkenstraße 56
09117 Chemnitz

Kopie BStU
AR 8

Verbindungsspinne Indianistik

Versionen:

- Die AG "Indianistik" in der DDR stehen im Blickfeld des Gegners. Über ehemalige DDR-Bürger werden potentielle Kandidaten für eine Feindtätigkeit kontaktiert (Anschreiben durch die ██). Hinter der ██ verbergen sich Institutionen, die gemäß § 97 StGB gegen die DDR tätig werden.

- Bei den "Indianerfreunden" handelt es sich um eine übernational gesteuerte Vereinigung über die sozialismusfeindliches Schriftgut eingeschleust wird.

- Seitens Personen/Institutionen der BRD ist P. in seiner Funktion im DTSB oder seines ehemaligen Dienstes in der NVA Zielperson.

Es wird vorgeschlagen, über den P. eine OPK einzuleiten, die Maßnahmen entsprechend des Planes vom 20. 1. 1986 bis zum 30. 3. 1986 zu realisieren und zum Entscheid über Abschluß oder Qualifizierung zu führen.

Oschmann
Hauptmann

Handlungen« und wegen der Möglichkeit einer »Verbindungsaufnahme zu NSA-Organisationen, die sich gegen die staatliche Ordnung richten könnten«. Mitarbeiter des MfS führen mit Jenny und ihren Eltern mehrere Aussprachen, holen Stellungnahmen von Personen aus dem sozialen Umfeld der Familie ein und kontrollieren ca. 2 Jahre lang ihre Post. Zwischenzeitlich überlegt die Stasi, die 15jährige als IM für »Blickfeldarbeit« im »Objekt 501« zu werben.

1983 schließt Jenny die 10. Klasse ab. Ihr Antrag »zum Besuch der EOS [Erweiterte Oberschule] [... wird] durch die Abteilung Volksbildung wegen ihres pol[itisch]-id[eologischen] Fehlverhaltens in Zusammenhang mit ihren Botschaftsbesuchen abgelehnt«.[13] Ein weiteres Jahr später wird die OPK zur Ablage gebracht. »Feindlich-negative Absichten, Ziele und Pläne« konnten bei ihr ebensowenig festgestellt werden, wie überhaupt »negative Aktivitäten«. Die EOS darf sie trotzdem nicht besuchen. Da hilft ihr auch nicht die »Stellungnahme«, die sie schon kurz nach ihrem Besuch der Botschaft auf Millimeterpapier geschrieben hat. In dem Text gesteht sie alle »Fehler« ein, er endet mit dem Satz: »Ich werde meinen ›Club‹ über unsere Fehler unterrichten [...], so daß wir die Pflichten, die wir als Staatsbürger haben, erfüllen können.«

Selbst jene, die sich für den antiimperialistischen Kampf begeisterten und intensiv in der Soli-Bewegung engagierten, überwachte die Stasi genau. Denn oft ging die Arbeit der Soli-Indianer dem MfS inhaltlich zu weit. Sie waren zu »antiimperialistisch«, zu »links«. So heißt es in einer Stasiakte über das zentrale Treffen der Solidaritätsbeauftragten der Indianistikgruppen der DDR in Sebnitz 1986:

»Die Teilnehmer des Soli-Treffens stellten überwiegend den positiven Kern der Indianistikgruppen der DDR dar. Dieser Personenkreis ist durchschnittlich noch sehr jung, und eine Reihe Mitglieder schießen in ihren Ansichten und Vorhaben oft über das Ziel hinaus, was auch zu [sic] diesem Treffen wieder zum Ausdruck kam. Insbesondere fällt es schwer, die Indianerprobleme in den USA und Kanada richtig in die Gesamtweltlage einzuordnen. So wurde auf dem Treffen deutlich, daß die gegenwärtige Situation der Indianer z. T. überspitzt mißgedeutet und vordergründig behandelt wird. In dieser Hinsicht – Vorhaben, Forderungen – sind eine Reihe Mitglieder der Indianistikgruppen in ihrem Verhalten, Auftreten schlecht berechenbar.«[14]

Noch etwas anderes machte alle Mitglieder von Soli-Gruppen für die Stasi grundsätzlich verdächtig: Sie unterhielten Kontakte ins »Nichtsozialistische Ausland« (NSA), zu indianischen Aktivisten in Kanada oder den USA und nach Westdeutschland, zum Beispiel zur Gesellschaft für bedrohte Völker. Die setzte sich nicht nur für die Bürgerrechte der amerikanischen Ureinwohner ein, sondern auch für die Opfer des Stalinismus und galt deshalb als »Feindorganisation«. Auch Unterschriftensammlungen waren der Staatssicherheit »immer ein Dorn im Auge«, erzählt Angy, Squaw von Apsàrukeh Fürstenwalde und Aktivistin in der Solidaritätsbewegung.

»Auf dem Papier haben sie sich mit den ›armen Indianern‹ solidarisiert, die vom Kapitalismus ausgerottet und unterdrückt wurden. Aber selber aktiv werden, das sollte man nicht. Das war immer den Staatsoberhäuptern vorbehalten.«

Denn die »Kämpfer an der unsichtbaren Front«, wie sich die Mitarbeiter der Stasi selbst bezeichnetem, befürchteten, daß die politisch aufgeladene Beschäftigung mit den Indianern sich zu einer allgemeinen Debatte über Meinungsfreiheit und Menschenrechte entwickeln würde, und solch gefährliches Gedankengut hätte ja in Kritik am System und aktiven politischen Widerstand münden können.

OPK »Tomahawk«

»Tomahawk«[15] heißt ein weiterer Vorgang, der die Arbeitsweise der Stasi verdeutlicht. Diese operative Personenkontrolle richtete sich gegen einen Aktivisten der Solidaritätsbewegung. Nach zweijähriger operativer Bearbeitung mit fünf inoffiziellen Mitarbeitern, sollen der unangepaßte Indianist und sein Bekanntenkreis »verunsichert« und »zersetzt« werden. Unter einem Vorwand wird seine Wohnung von der Volkspolizei durchsucht. Zwar wußte das MfS, daß man nichts strafrechtlich Verwertbares finden würde, ein zuverlässiger IM hatte die Wohnung bereits mehrfach heimlich durchsucht. Aber die Hausdurchsuchung schüchterte die Zielperson ein – und das war die Absicht des MfS.

Vorrangig arbeitete die Stasi nicht mit physischer Gewalt oder Folter, sondern sie erzeugte durch für den einzelnen nicht durchschaubare Aktionen ein gesellschaftliches Klima, das von Angst vor willkürlicher Kontrolle und möglichen persönlichen Nachteilen geprägt war. Bei vielen Bürgern der DDR führte allein das Wissen um die Macht der Stasi zu einem angepaßten Verhalten. Genau dies sollte auch in der OPK »Tomahawk« erreicht werden. Mit Erfolg, den bald arbeitete der einst verdächtige Indianist als IM Hans für das MfS.

Politisch-operatives Zusammenwirken

Die Ordnung in der DDR wurde nicht nur durch direkte Eingriffe der Staatssicherheit und anderer staatlicher Organe gewährleistet. Vielmehr beruhte sie auch darauf, daß viele Bürger ihr Verhalten in einer Art vorauseilendem Gehorsam anpaßten. Oder, wie es Chiefi formuliert: »In der DDR hat es bestimmte Rahmenbedingungen gegeben. Bestimmte Sachen haben wir machen müssen, die wir dann gemacht haben, damit uns keiner verbietet.«
So bekamen einige Indianerfreunde nach dem Bibliotheksbesuch in der amerikanischen Botschaft nicht nur Ärger mit den staatlichen Institutionen, auch in der eigenen Indianistikgruppe mußten sie mit Problemen rechnen. Von den gesellschaftlichen Normen abweichendes Verhalten wie Besuche in der Botschaft des imperialistischen Klassenfeindes brachten den ganzen Klub in Verruf. Schließlich hatte bei einem solchen Fehlverhalten nicht nur das Individuum versagt, sondern das Kollektiv. Für die Klubs standen neben ihrem guten Ruf auch die Beziehungen zu den Sicherheitsorganen, den Kulturfunktionären und den lokalen Bonzen auf dem Spiel.
Als in den achtziger Jahren immer mehr Bürger der DDR einen Ausreiseantrag stellten und allein 1984 40 000 Genehmigungen erteilt wurden, befaßt sich auch das Chiefpalaver mit dem Thema. Stärker als je zuvor wurde der Wunsch nach Freiheit im Alltag diskutiert. Die Häuptlinge der Indianistikgruppen der DDR beschließen, daß Perso-

nen, die einen Ausreiseantrag gestellt haben, nicht mehr an
zentralen Treffen der Indianistik teilnehmen dürfen. Über
eine weitere Klubmitgliedschaft sollen die einzelnen Gruppen intern entscheiden. Die Botschaft der Häuptlinge ist
deutlich: Wer das Reservat verlassen will, kann kein Indianer mehr sein...

Joe, der Häuptling der Mandan-Indianer in Taucha, arbeitet streng im Sinne von Staat und Partei und initiierte mit
einigen indianischen Genossen eine SED-Parteigruppe bei
seinem Stamm. Sie sollte die anderen Klubmitglieder »auf
Linie bringen« und auf die gesamte Szene eine »disziplinie-
rende Wirkung« ausüben.

Diese freiwillige Eingliederung in bestehende Machtstruk-
turen und die Kooperation mit den Sicherheitsorganen bezeichnete die Stasi als »politisch-operatives Zusammen-
wirken«. Es war selbstverständlich, daß die Häuptlinge der
Indianistikgruppen den Verantwortlichen in ihren Träger-
betrieben oder den Leitern der Kulturhäuser, denen sie angeschlossen waren, vom Gruppenleben, von Erfolgen und
Problemen berichteten. »Interessante Fakten« leiteten
diese dann an die Staatssicherheit weiter. Bei der Planung
größerer Veranstaltungen saßen nicht nur die Vertreter des
Rates der Stadt oder der Kreiskulturkabinette mit am
Tisch, sondern auch Mitarbeiter der Stasi. Für viele unserer
Gesprächspartner war das »völlig normal«.

Fast kann man von einer guten Zusammenarbeit zwischen
Stasi und Indianistik sprechen, bei der Informationen an
die Stasi und im Gegenzug »Hinweise« an die Indianer gin-
gen. Die zuständigen hauptamtlichen Mitarbeiter sprachen die Verantwortlichen des Trägerbetriebs oder auch
die Häuptlinge der Klubs persönlich an, wenn der Stasi etwas nicht paßte. Vor der aktiven Repression stand die pro-

aktive Lenkung. Dafür setzte das MfS »konspirative und offene operative Mittel und Methoden, einschließlich ihrer Kombination« ein. Die von der SED-Diktatur gewährten kulturellen Freiräume sollten nicht von negativ-dekadenten Personenkreisen für politische Untergrundtätigkeit ausgenutzt werden. So heißt es in einer Dienstanweisung der Staatssicherheit:

> »Im Zusammenhang mit Aktivitäten politischer Untergrundtätigkeit treten vielfach Sympathisanten, politisch irregeleitete oder zeitweilig getäuschte sowie politisch schwankende, labile, ungefestigte und unzufriedene Personen in Erscheinung, die oft keine verfestigten feindlich-negativen Positionen einnehmen, aber von den Führungskräften der politischen Untergrundtätigkeit als ihr Potential einbezogen bzw. mißbraucht werden.«[16]

Um dies zu verhindern, werden in der Indianistikszene nicht nur IM angeworben, zusätzlich setzt man bereits geworbene Mitarbeiter gezielt auf die Indianistikszene an. So erklärte sich der Gesellschaftliche Mitarbeiter für Sicherheit (GMS)[17] Runge 1969 dazu bereit, seinen Beitrag als Genosse in der »vorbeugenden Arbeit« zu leisten. Über sein Einsatzgebiet vermerkt die Staatssicherheit in ihren Akten:

> »[Runge] bemerkte [...], daß er sich besonders für die Indianistik interessiere, jedoch die Möglichkeit nicht besteht, in den Radebeuler Club hineinzukommen, da dort nur ausschließlich Geldleute verankert sind. Er sei aber vor kurzem von einem ihm bekannten Jugendlichen angesprochen worden, im ›Indianistikclub‹ Hellerau mitzumachen. [...] Daraufhin wurde ihm erläutert, daß die-

ser Faktor sehr interessant sei und er jede Möglichkeit
nutzen sollt[e] in einen derartigen Club hineinzukommen.«[8]

GMS Runge wurde eine einflußreiche Figur in der Indianerszene. Unter seinem bürgerlichen Namen René Wagner
wird er später Direktor des Indianermuseums in Radebeul,
das er bis heute leitet.[19]

Lagerordnung

Auch im Mikrokosmos der Indianisten waren die Mechanismen spürbar, mit denen der ostdeutsche Überwachungsstaat die Gesellschaft kontrollierte. Zwar wußten
die meisten Indianisten nicht, wie weit die staatliche Kontrolle tatsächlich reichte, aber genau diese Unkenntnis –
oder besser Unschärfe – führte zu jener Form von Konformität, die die Gesellschaft der DDR wesentlich prägte. Dies
zeigt sich auch in den verschiedenen detaillierten »Lagerordnungen« der Councils und Weeks. In der Council-
Ordnung zum Pfingsttreffen 1971 in Meißen heißt es, daß
neben den Fahnen der Klubs auch »die Staatsflagge der
Deutschen Demokratischen Republik gehißt« und eine
Lagerpolizei eingerichtet werden müsse. Weiter schreiben
die Indianisten fest, daß zum Verlassen des Lagers eine Genehmigung »durch den Sheriff der gastgebenden Gruppe«
notwendig ist. Zusätzlich gibt es auch eine Wachordnung.
Für die »ordnungsgemäße« Bewachung ist der Hundebund zuständig, eine Art Elitetruppe der Hobbyindianer.
Nach der »Hundebund-Richtlinie« ist jedes Mitglied verpflichtet, »seine persönliche Bekleidung entsprechend der

ethnologischen und ethnographischen Normen des Hundebundes sorgfältig anzufertigen«. Bei Fehlverhalten wird vom Chief des Hundebundes ein Disziplinareintrag in der Kaderakte vorgenommen.

Selbstverständlich arbeitet der Hundebund »im Rahmen der Sicherheit und Ordnung mit den entsprechenden örtlichen Organen zusammen«. Ordnung muß sein, und so spiegelt sich in der Sicherheitsarchitektur des Indianerlagers das Überwachungs-, Repressions- und Grenzregime der DDR wider.

Anmerkungen

1 Vgl. Gieseke, Jens, *Die hauptamtlichen Mitarbeiter der Staatssicherheit. Personalstruktur und Lebenswelt 1950-1989/90*, Berlin 2000, hier S. 552 und 557.
2 Ebd., S. 397.
3 BStU, MfS, BV Leipzig, AOP 1283/75.
4 BStU, MfS, BV Dresden, AOG 2613/64, Bl. 000009.
5 BStU, MfS, BV Dreden, 1860/66, Bl. 000032.
6 BStU, MfS, BV Dresden, 1860/66, Bl. 000016.
7 BStU, MfS, BV Dresden, AIM 41/89, Bl. 000035.
8 BStU, MfS, BV Dresden, AIM 41/89, Bl. 000036.
9 Ebd.
10 BStU, MfS, AOPK 2709/85, Bl. 000036.
11 Name geändert.
12 Die Messe der Meister von Morgen (MMM) war ein von der FDJ veranstalteter Wettbewerb, der von 1958 bis 1990 jährlich stattfand und Kindern und Jugendlichen die Möglichkeit bot, ihre Erfindungen und Forschungsergebnisse einem größeren Publikum zu präsentieren. Eine vergleichbare Einrichtung in der Bundesrepublik ist »Jugend forscht«.
13 BStU, MfS, AOPK 2709/85, Bl. 000231.
14 BStU, MfS, BV Dresden, KD Sebnitz, 2017.
15 BStU, MfS, BV Karl-Marx-Stadt, XIV 297/83.
16 Vgl. MfS-VVS DA 2/85 (»Dienstanweisung 2/85 zur vorbeugenden Verhinderung, Aufdeckung und Bekämpfung politischer Untergrundtätigkeit« vom 20. Februar 1985).

17 Als GMS bezeichnete das MfS inoffizielle Mitarbeiter, die eine »staatsbewußte Einstellung« hatten und in Erfüllung ihrer Aufträge dementsprechend auftraten und sich nicht verstellen sollten.

18 BStU, MfS, BV Dresden, 928/76, Bl. 000095.

19 Anders als sein Vorgänger, Paul Siebert, der seit den sechziger Jahren unter dem Decknamen Wolf als Geheimer Hauptinformator (GHI) über die Indianerszene berichtete, bis zu acht Inoffizielle Mitarbeiter führte und sein Büro im Indianermuseum als konspiratives Zimmer nutzte, arbeitete René Wagner nicht mehr für die Stasi, als er 1985 Direktor des Museums wurde. Schon 1975 dekonspirierte er sich und wurde deshalb von der Stasi als ungeeignet eingestuft. Seine inoffizielle Zusammenarbeit endete 1976 anläßlich seiner Übernahme als hauptamtlicher Kader in den Parteiapparat der SED. Zum Themenkomplex Staatssicherheit und Indianermuseum Radebeul: vgl. Christian Heermann, a. a. O.; zur inoffiziellen Mitarbeit Paul Sieberts weiterhin: BStU, MfS, BV Dresden, 405/62.

Die große Freiheit

Honeckers Politik der Ausweitung des Konsumangebotes und der zaghaften kulturellen Öffnung befriedigt die Freiheitswünsche der Bevölkerung nicht. Anders als Gorbatschow, der in der Sowjetunion mit Perestroika und Glasnost den Sozialismus reformieren will, verhindern die »Betonköpfe« in Berlin grundsätzliche Veränderungen. Zwar genehmigen sie zwischen Dezember 1988 und September 1989 86 150 Ausreiseanträge, aber wirkliche politische Freiheiten werden nicht gewährt. Im Frühjahr 1989 finden in der DDR Kommunalwahlen statt. Im Vorfeld wird von staatlicher Seite mehr Demokratie und mehr Transparenz versprochen, dennoch manipuliert die politische Führung die Wahlergebnisse.
Im Ostblock nehmen die innenpolitischen Spannungen zu. Die sowjetische Zeitschrift *Sputnik*, die im Geiste der Perestroika berichtet, ist ab November 1988 in der DDR nicht mehr erhältlich, wird dadurch aber erst richtig prominent. Zwar ist es schwierig, sich anhand von DDR-Medien objektiv zu informieren, die Ostdeutschen bekommen jedoch aus den West-Medien mit, daß sich einiges ändert. Die Zeit der »großen Freiheit« bricht an.

Wir sind das Volk

Am 2. Mai 1989 beginnt Ungarn mit dem Abbau der Grenzanlagen zu Österreich, es kommt zu einer Massenflucht ostdeutscher Urlauber. Ende August halten sich in Ungarn 150 000 DDR-Bürger auf. Andere versuchen, die Botschaften der Bundesrepublik in Warschau und Prag zu besetzen. Anfang September kampieren 3500 ausreisewillige DDR-Bürger in der Botschaft in Prag. Unter ihnen befindet sich auch El Blanco, ein junger Cowboy und Square Dancer aus Thüringen. Für ihn war schon im Alter von 16 Jahren klar: »Die DDR, das kann's nicht sein. Ich wollte aber nicht unbedingt auf Konfrontation gehen. Trotzdem hatte ich Ärger mit der Stasi.« Wegen versuchter Republikflucht verbringt er drei Jahre im Knast. Im Spätsommer 1989, El Blanco ist nun 19 Jahre alt, fährt sein Vater ihn und seine ältere Stiefschwester nach Prag. Der Vater fühlt sich zu alt, um noch einmal bei Null anzufangen. Doch seine Kinder sollen es besser haben. Dafür ist El Blanco seinem Vater noch heute dankbar, »schließlich wußte man damals ja nicht, ob der Vater dafür zu Hause Ärger mit der Stasi bekommen würde«.

Der Massenexodus bleibt in der DDR nicht ohne Folgen, die Regierung kann den Unmut der Menschen nicht länger unter den Teppich kehren. Gleichzeitig erhöhen die Oppositionsgruppen den Druck. In Plauen, Leipzig, Dresden, Berlin und vielen anderen ostdeutschen Städten treffen sich die Menschen nicht mehr nur zu Friedensgebeten in den Kirchen, sondern sie machen gemeinsam »Abendspaziergänge«. Friedlich, nur mit Kerzen bewaffnet, protestieren sie für Freiheit und Menschenrechte. Am 9. September 1989 tritt als erste Oppositionsgruppe das Neue Forum mit einem Gründungsaufruf an die Öffentlichkeit. Demokratie Jetzt, dann eine Initiativgruppe zur Gründung einer Sozialdemokratischen Partei in der DDR (SDP) und der Demokratische Aufbruch folgen. Sie fordern eine »demokratische Umgestaltung« und die »Erneuerung des sozialistischen Systems«.

Bundesaußenminister Hans-Dietrich Genscher tritt am 30. September auf den Balkon der Botschaft der BRD in Prag. Er verkündet, daß die Flüchtlinge in den Westen ausreisen dürfen. Wenige Tage später fahren die ersten Züge nach Westdeutschland. Als diese Dresden und Plauen passieren, demonstrieren Tausende vor den Bahnhöfen, sie wollen zu den Zügen und bewerfen Polizisten mit Steinen. Es kommt zu Massenverhaftungen.

Gut eine Woche später, am 7. Oktober 1989, jährt sich die Gründung der DDR zum vierzigsten Mal. Während die politischen Eliten sich zu einer Feier im Palast der Republik zusammenfinden, protestieren die Bürger auf den Straßen. Sie rufen »Gorbi!, Gorbi!« und immer wieder »Keine Gewalt!«. Dennoch wenden die Sicherheitsorgane Gewalt an, erneut werden viele Menschen verhaftet.

Aus den abendlichen »Spaziergängen« sind inzwischen große Demonstrationen geworden. Eine Massenkundgebung in Leipzig ist für den 9. Oktober angekündigt, nur zwei Tage nach den Vorfällen in Berlin. Sicherheitskräfte sind mobilisiert, die *Leipziger Volkszeitung* hetzt gegen die bevorstehende Demonstration.

Barbara, die Jung-Squaw von den Waya Sni aus Berlin, sagte sich: »Da mußt du hin.« In ihrem Freundeskreis in der Gethsemanekirche im Berliner Bezirk Prenzlauer Berg laufen heiße Diskussionen. Einer ihrer Freunde berichtet, wie die Demonstranten bei den Protesten am 40. Jahrestag der Staatsgründung zusammengetrieben und verprügelt wurden. Doch Barbara läßt sich von den Schilderungen nicht einschüchtern. Sie fährt nach Leipzig.

Felicitas, Häuptling der Ahwigacha aus Burghausen in

Sachsen und seit längerem in der kirchlichen Friedensbewegung gegen die militaristische Erziehung in der DDR
aktiv, will endlich auch bei einer Demo mitgehen. Doch sie
hat Angst, Angst um ihre Kinder und sich. Von einem befreundeten Pfarrer erfährt sie, daß Ärzte mit Erfahrungen
in der Behandlung von Schußwunden nach Leipzig beor-
dert wurden. Noch wenige Tage zuvor hatte Egon Krenz
den politischen Weg der chinesischen Regierung gelobt. Jedem in der DDR ist klar, daß er damit auf das Massaker
vom Platz des Himmlischen Friedens anspielt, bei dem am
4. Juni 1989 friedliche Proteste mit Waffengewalt unterdrückt wurden. Felicitas weiß nicht, wie dieser Abend
ausgehen wird, doch sie sagt sich: »Man muß sich irgend-
wann entscheiden.« Die Montagsdemo vom 9. Oktober
1989 wird ihre erste Großkundgebung.
70 000 Menschen ziehen durch die Leipziger Innenstadt,
die Bezirksleitung der SED löst die Demonstration nicht
wie befürchtet mit Waffengewalt auf. Ab jetzt gehen immer
mehr DDR-Bürger auf die Straßen, die jungen Oppositionsgruppen melden sich lauter und selbstbewußter zu
Wort.
Auch Smoky von Sieben Ratsfeuer und Revolverheld vom
Ettersberg, beschließt im Oktober, in Magdeburg auf eine
Demonstration zu gehen. Er fühlt sich nicht wohl, überall
stehen Sicherheitskräfte. Er sieht seine Kollegen, die in
der Uniform der Betriebskampfgruppe, ausgerüstet mit
Schlagstöcken, die Strecke säumen. Er geht zu ihnen, sagt
ihnen Hallo, schüttelt jedem die Hand. Als er in der nächsten Woche wieder zur Kundgebung geht, steht die Betriebskampfgruppe an der gleichen Stelle – in Uniform,
aber ohne Schlagstöcke.
Der Druck wächst. Am 18. Oktober tritt Honecker von al-

len Ämtern zurück – offiziell aus gesundheitlichen Gründen. Um den sozialistischen Staat zu retten, propagiert sein
Nachfolger Egon Krenz die »Wende«, die es nun einzuleiten gelte.

»Wenn schon, denn schon«

Mitten in dieser Umbruchsphase versammeln sich am
22. Oktober 1989 die Indianerfreunde der DDR im Dresdner Kulturpalast, aber nicht als Demonstranten, sondern
als geladene Gäste der Unterhaltungssendung »Wenn
schon, denn schon«.[1] Die Fernsehshow präsentiert »außer-
gewöhnliches, amüsantes und rekordverdächtiges aus un-
serem Alltag«. An diesem Abend soll der größte Indianer-
stamm der DDR prämiert und es sollen all jene gewürdigt
werden, »die sich ganz dieser schönen Traditionspflege
verschrieben haben«, heißt es in einem Telegramm des
Fernsehens der DDR an die Klubs.
Zwei Ponys sind der Überraschungspreis. Und, wie sollte
es anders sein, der Preis geht an Old Manitou. Während auf
der Straße der Traum von der Freiheit erkämpft wird, lassen sich die Indianerfreunde im Fernsehen der DDR feiern.
Nach Freiheit suchen nun die anderen. Denen reichen
Ponys und vage Ankündigungen nicht. Sie wollen mehr:
die große Freiheit, eine andere, bessere DDR. Meinungsfreiheit, Pressefreiheit, Reisefreiheit. »Wir sind das Volk«,
hallt es durch die Herbstluft.
Am 9. November 1989, kurz vor 19 Uhr, verliest Günter
Schabowski, Mitglied des Politbüros, einen Beschluß des
Ministerrats der DDR auf einer internationalen Pressekon-
ferenz: »Privatreisen nach dem Ausland können ohne Vor-

liegen von Voraussetzungen (Reiseanlässe und Verwandt-
schaftsverhältnisse) beantragt werden. Die Genehmigungen werden kurzfristig erteilt.«[2] Die Mauer ist offen. Tausende ziehen noch am selben Abend gen Westen. Auch der
inzwischen fünfundsiebzigjährige Powder Face fährt sofort
an die Grenze. Nicht um seiner selbst willen, er will seine
Tochter »in Sicherheit bringen«, wie seine Witwe erzählt.
»Man wußte ja nicht, wie lange die Grenze offen sein wird.«

Runder Tisch statt Chief Palaver

Wenige Tage nach der Maueröffnung wird Hans Modrow,
bis dahin Erster Sekretär der SED-Bezirksleitung Dresden,
zum neuen Ministerpräsidenten gewählt. Er soll mit den
Oppositionsgruppen verhandeln, gemeinsam mit ihnen die
»Wende« gestalten. Nach polnischem Vorbild kommen
Vertreter der Regierung, der Blockparteien und Massenorganisationen, der Kirche sowie der Oppositionsgruppen an
einem »Runden Tisch« zusammen. Um die DDR zu demo-
kratisieren, entstehen auch auf kommunaler Ebene solche
Gremien. Denn mit der Öffnung der Grenze ist es nicht ge-
tan.
Zu den zentralen Forderungen der Bürgerrechtler gehört
die Offenlegung der Machenschaften der Stasi. Sie wollen
wissen, von wem, warum und wie sie überwacht wurden.
Anfang Dezember besetzen sie die Bezirksverwaltungen
der Staatssicherheit in Erfurt und Potsdam und gründen
Bürgerkomitees zur Kontrolle der Auflösung der Stasi.
Am 15. Januar 1990 gibt Modrow den Forderungen der
Opposition nach und verkündet erstmals offizielle Zahlen
über das Ausmaß des Geheimdienstes. Die Bürgerrechtler

fordern die sofortige Auflösung der Stasi und geben eine neue Losung aus: »Dem Stasi-Imperium den Kopf ab!« Noch für denselben Abend wird zu einer Demonstration vor der Stasi-Zentrale in der Berliner Normannenstraße aufgerufen. Parallel finden in der gesamten DDR Kundgebungen mit insgesamt ca. 500 000 Teilnehmern statt. Unter den Berliner Demonstranten befindet sich auch Barbara. Sie will die DDR verändern, Verfolgung und Unterdrückung Andersdenkender aufdecken. So steht sie mit 10 000 anderen Menschen vor der abgeriegelten Zentrale der Staatssicherheit. Plötzlich öffnet sich das Tor, die Demonstranten erstürmen den Gebäudekomplex. Von Regierung und Bürgerrechtlern wird zu Besonnenheit und Gewaltlosigkeit aufgerufen. 30 Bürgerrechtler bewachen das Gebäude über Nacht, um Diebstahl und die Vernichtung von Akten zu verhindern.

Am 8. Februar beschließt der Ministerrat der DDR auf Druck der neuen demokratischen Bewegungen, das MfS aufzulösen, und bildet das »Komitee zur Auflösung des ehemaligen MfS/AfNS«.

Vor allem wollen die Bürgerrechtler jedoch die Zukunft mitgestalten. Anfang 1990 ist noch nicht absehbar, ob es zu einer Vereinigung Deutschlands kommen wird. Viele halten eine eigenständige, aber reformierte DDR für möglich.

In Dessau sitzt Burghard, der einstige Öko-Indianer, als Mitbegründer der lokalen Gruppe des Neuen Forums mit am Runden Tisch. Für ihn beginnt eine neue, »ganz visionäre Zeit«. Irgendwie ist alles verrückt, frei und nichts scheint unmöglich. In Dessau und gerade am Bauhaus herrscht Aufbruchsstimmung. Es werden neue Ideen und alternative Projekte entwickelt, die Stadt und die Region völlig neu entdeckt. Burghard kann viel bewegen, Westdeutsche führt er durch das Chemiedreieck. Er zeigt ihnen Bitterfeld, Leuna und Wolfen und nicht zuletzt den Silbersee, eine alte Fördergrube, in der kein Schatz verborgen ist, sondern der giftige Abfall der umliegenden Chemiefabriken. Die silbrig-schimmernde Oberfläche und der Gestank zeugen von der naturvergessenen Industriepolitik der DDR. Auch Friedenspolitik steht auf der Agenda. Im März 1990 werden in Dessau alle Waffen der Betriebskampfgruppen eingesammelt und eingeschmolzen, und sämtliche Kaufhäuser der Stadt nehmen Kriegsspielzeug aus dem Sortiment – zumindest für ein Jahr. Doch der Runde Tisch verkommt bald zu einer »Laberbude«, so Burghard im Rückblick:

> »Während wir dort saßen und diskutierten, wurde schon Anfang 1990 ›richtige Politik‹ ganz woanders gemacht. Als Ausschüsse eingesetzt wurden und der Spruch ›Wir machen jetzt Nägel mit Köpfen‹ auftauchte, da war klar, daß die Transparenz und die alternativen Optionen erledigt waren. Das wich alles einem Pragmatismus.«

Auch Bernd S., der urkommunistische Aussteiger, wird nach der Wende politisch aktiv. Er hofft, daß die Indianer als politische Avantgarde zu einer neuen, besseren DDR beitragen können. Um indianische Ideen in die neu zu schaffenden Strukturen einzubringen, gründet er mit Gesinnungsgenossen die Green Eagles. Auf der Basis der Philosophie der amerikanischen Ureinwohner wollen sie zum gesellschaftlichen Umbruch beitragen. Bernd glaubt noch bis weit ins Jahr 1990 hinein an eine bessere DDR. Er bleibt nicht nur eingeschriebenes Mitglied der SED/PDS, am 3. März 1990 wird er zum Leiter der Kommission Umweltpolitik der Kommunistischen Plattform der PDS gewählt. Er träumt von einem »echten« Kommunismus nach indianischem Vorbild.

Andere engagieren sich nicht weiter, als ihnen deutlich wird, wohin die politische Reise geht. »1989 dachten wir, wir könnten einen eigenen Staat aufbauen«, berichtet Angy von den Apsàrukeh aus Fürstenwalde. »Nachdem die Grenze offen war, veränderte sich das Publikum auf den Montagsdemos. Und als der Anschluß an die Bundesrepublik gefordert wurde, bin ich gegangen.« Kurz nach der Maueröffnung wird nicht mehr »Wir sind das Volk« gerufen, sondern »Wir sind ein Volk«. Für eine »bessere DDR«, einen »dritten Weg« zwischen real existierendem Sozialismus und sozialer Marktwirtschaft findet sich keine Mehrheit. Der Großteil der DDR-Bürger will die DDR hinter sich lassen, keine gesellschaftlichen Experimente mehr machen und ist froh, als Helmut Kohl drei Wochen nach der Maueröffnung den »Zehn-Punkte-Plan« zur Überwindung der deutschen Teilung verkündet. Jetzt geht es um Westgeld und ein vereintes Vaterland.

Die Bundesregierung und die Siegermächte des Zweiten Weltkrieges beginnen am 14. März 1990 mit den Vorbereitungen für die »2+4-Verhandlungen«. Vier Tage später gewinnt die »Allianz für Deutschland«,[3] die sich im Wahlkampf mit dem Versprechen einer schnellen Wiedervereinigung und »Wohlstand für alle« profilierte, mit 48,1 Prozent der Stimmen die ersten freien Parlamentswahlen in der DDR. Der Weg für Währungsreform, Wiedervereinigung und »blühende Landschaften« ist offen. Am 3. Oktober 1990, um 0 Uhr, hörte die DDR auf zu existieren. Dies war, wie es der letzte Ministerpräsident der DDR Lothar de Maizière formulierte, ein »Abschied ohne Tränen«.[4]

Go West

»Zur gleichen Zeit geboren, gewonnen und verloren. Gelernt, was Leben heißt. Oft nur nach vorn um jeden Preis. Du dort und ich hier. Uns trennte eine Tür, fast konnten wir uns spüren. Doch niemals unsere Hand berühren. Vielleicht habe ich in meinem Traum die Brücke schon gebaut, vielleicht habe ich dir tief in meinem Herzen längst vertraut.

Nach vorn auf dem Weg, den wir jetzt gemeinsam gehen, wird unseren Kindern helfen zu verstehen. Das Licht sprengt die Schatten einer viel zu langen Nacht. Ein Morgen neuer Träume ist erwacht. [...]

Noch neu und fremd ist dein Gesicht. Noch können wir nicht sehen, ob es wirklich Liebe ist. Doch der Glaube an das Leben, daß wir jetzt gemeinsam führen. Von einander auch zu lernen, zu verstehen, zu akzeptieren.

Nach vorn auf dem Weg, den wir jetzt gemeinsam gehen, wird unseren Kindern helfen zu verstehen. Das Licht sprengt die Schatten einer viel zu langen Nacht. Ein Morgen neuer Träume ist erwacht.«

So beschreibt Gudrun Lange, die Sängerin der erzgebirgischen Countryband Kactus, in ihrem Song »Nach vorn auf dem Weg« die Hoffnungen und Ängste vieler DDR-Bürger in der Zeit nach der Wende. 28 Jahre hatte der »antifaschistische Schutzwall« das Reservat vor dem Imperialismus geschützt, nun können die selbsternannten Cowboys und Indianer sich ein eigenes Bild vom Wilden Westen machen. Zuallererst bedeutet dies: Westdeutschland. Neben den normalen Erkundungsreisen werden auch im Hobby neue Kontakte geknüpft. Potlatch Pete und seine Nordwestküsten-Indianer aus Pasewalk werden in den Westernbund, den Dachverband der westdeutschen Cowboy- und Indianervereine, aufgenommen. Viele westdeutsche Vereine empfangen ihre »roten Brüder« aus dem Osten mit Begeisterung. Auch die Bundesregierung erkennt die Indianerbewegung an. Powder Face und Gerry werden zum Kinderfest ins Bundeskanzleramt geladen, um Kinder aus ganz Deutschland mit ihren indianischen Kunststücken zu verzaubern.

Die harte Währung eröffnet die Möglichkeit einer Amerikareise. Viele zieht es ins »gelobte Land«, sie wollen die Indianer in ihren Reservationen besuchen. Nun kann auch Kate zu den heiligen Stätten der Indianer reisen. Im Sommer 1990 hat sie genügend Geld zusammen, um mit einem Bekannten einer Münchner Indianer-Unterstützergruppe nach North Dakota zu reisen. In der Pine Ridge Reservation, der Heimat des Freiheitskämpfers Leonard Peltier, erfährt sie voller Entsetzen, daß der amerikanische Zoll die Hilfssendungen, die sie und andere Soli-Indianer jahrelang aus der DDR geschickt hatten, teilweise einbehalten hat. »Das ist ja wie in der Zone hier«, denkt sie und kämpft um die Freigabe von 100 Wolldecken. Sie lernt die wichtigsten Leute der Reservation kennen, gibt für Zeitungen und Fernsehsender Interviews und trifft den Gouverneur. Die DDR-Bürgerin sammelt erste Erfahrungen mit der modernen Mediendemokratie: »In der DDR hat man ja meistens einfach seinen Mund gehalten, alles wurde hinter verschlossener Tür geregelt. In den USA habe ich das erste Mal erlebt, wie man für seine Interessen kämpft, an die Presse geht.« Zwar scheitern ihre Bemühungen an den Zollbestimmungen, aber sie findet einen Privatmann, der die Decken freikauft.

Den 3. Oktober 1990 erlebt sie gemeinsam mit den Indianern: »Die Wiedervereinigungsfete hab ich mir von dort aus im Fernsehen angeschaut. Und da kamen ja dann die übelsten Horrorgeschichten über die DDR. Auch wenn viele einiges mitgemacht haben, so wie es medial dargestellt wurde, war es auch nicht. Da mußte ich bei den Indianern einiges gerade rücken.« Ende 1990 kehrt sie nach Deutschland zu ihrem fünfjährigen Sohn zurück, denn »auswandern ist ohne Geld und Arbeit gar nicht so leicht«.

Auch die beiden Öko-Indianer Andreas und King aus Dresden machen sich 1991 auf den Weg nach Amerika. Wie viele andere aus der Szene wollen sie auf ihrer fünfwöchigen Rundreise in die Reservationen, nach Wounded Knee und zu den heiligen Bergen. Natürlich wissen sie um die sozialen Probleme in den Reservationen. Doch es ist »schon noch mal krasser, dort in Pine Ridge vor den Bretterbuden zu stehen und keinen Nüchternen zu sehen«, erzählt King. Die beiden haben auch viele positive Erlebnisse, lernen indianische Vietnamkriegsveteranen kennen und besuchen große traditionelle Tanzveranstaltungen. Natürlich kaufen sie sich Friedenspfeifen. Als der Verkäufer sie fragt, was sie damit wollen, erzählen sie von ihrem spirituellen Weg. Er erklärt ihnen, daß die Pfeifen geweiht werden müssen. Andreas und King fahren in die Rosebud Reservation in South Dakota. Dort treffen sie Leonard Crow Dog, einen bekannten Medizinmann, der mitten in den Vorbereitungen für den Sonnentanz steckt. Er macht mit ihnen eine Schwitzhüttenzeremonie und weiht ihre Pfeifen. Die benutzen sie noch heute. »Wenn ich psychische Probleme habe, rauche ich eine Pfeife – das hilft immer«, erzählt King. Bei den nordamerikanischen Indianern lernt er, daß die »Freiheit in einem selbst ist«. Zurück in

Deutschland, verschenkt er deshalb seine zu DDR-Zeiten gebaute Indianerklamotte an »echte« Indianer, die zum Gegenbesuch in Deutschland sind. Diese seien total dankbar gewesen, »weil die die traditionellen Techniken gar nicht mehr beherrschten«.

Kate, King und Andreas kehren nach Sachsen zurück, hier ist ihre Heimat. Andreas reist von nun an regelmäßig in die USA. In den Rocky Mountains durchläuft er die klassischen Initiationsriten und nimmt an indianischen Zeremonien teil. Bei einem dieser Rituale sagt der Schamane in Trance: »Andreas soll die Schwitzhütte halten.« Nun ist er berechtigt, diese Zeremonien anzuleiten. Von den Indianern lernt er die notwendigen Lieder und Riten und geht auf Visionssuche. Nach einer Schwitzhütte auf 1700 Metern Höhe besteigt er einen heiligen Berg. In der dünnen Luft auf 3000 Metern verbringt er vier Tage sitzend auf der Suche nach Visionen, einsam, ohne Essen, ohne Trinken. »Am Ende kannst du das Wasser auf 1000 Meter Entfernung riechen.« Bis heute veranstaltet Andreas in seiner sächsischen Heimat Schwitzhüttenzeremonien, um Interessierte an die traditionelle indianische Kultur und Denkweise heranzuführen.

Doch nicht alle Indianerfreunde können nach Amerika fliegen, denn so eine Reise kostet Geld. Manche haben Glück im Unglück. Wahatokke bekommt für seine wegen versuchter Republikflucht verbüßte Haft eine Entschädigung. Mit dem Geld reist er in die Reservation Akwesasne, besucht die Überlebensschule, die er und sein DDR-Stamm jahrelang unterstützten. »Ich habe damals immer eure Pakete ausgepackt«, empfängt ihn voller Zuneigung ein älterer Mohawk. Schon zu DDR-Zeiten hatten die Mohawks ihm in Abwesenheit den Ehrennamen Wahattoke verliehen. Nun darf er an heiligen Zeremonien teilnehmen. Wahattoke ist glücklich.

>Die Mohawks haben uns zu einem Langhausfest eingeladen, zu dem normalerweise keine Weißen zugelassen werden. Ich hatte ein echtes Hochgefühl, für mich war das toll. Die Menschen dort haben eine grundsätzlich andere Denkungsart. Was man hier in Deutschland manchmal auf der Straße erlebt, so was gibt's dort nicht. Hier wirst du ja angepöbelt und all solche verrückten Sachen. Das ist einfach ein anderer Menschenschlag. Nicht solche Angstbeißer.«

Inzwischen haben die westdeutschen Massenmedien von der scheinbar merkwürdigen DDR-Indianerkultur Wind bekommen. Verschiedene Fernsehteams drehen Reportagen über die ostdeutsche Szene.[5] Der MDR hat die Idee, mit einem echten DDR-Indianer gen Westen zu ziehen. So kommt Gerry nach Amerika. Da er wegen seines Engagements in der evangelischen Kirche nicht studieren durfte, hat er sich sein Wissen über die amerikanischen Ureinwohner seit den sechziger Jahren selbst angeeignet. Sogar ein kleines Museum hat er auf dem Dachboden seines Hauses angelegt, mit DDR-Sammelbildchen, aber auch echten amerikanischen Eisenbahnnägeln. Auch er ist von den »echten« Indianern enttäuscht. »Denen mußte ich erstmal ihre eigene Kultur und Geschichte erklären«, berichtet er von seinem Besuch. Besonders über den pinkfarbenen Lippenstift und die blond gefärbten Haare der Mädchen einer Schülergruppe ist er entsetzt: »Indianer sollten schließlich aussehen wie Indianer.«
Auch die Cowboys wollen die Weiten des Wilden Westens

kennenlernen. Gudrun Lange und Kactus reisen 1991 erst-
mals in die USA. Ihr neuer Produzent Tom Astor, ein
Countrystar aus der BRD, will die im Osten bereits erfolg-
reiche Countrysängerin auf den westdeutschen Markt
bringen und aus ihr einen Star machen. In Nashville, dem
Mekka der Countrymusic, nehmen sie die neue Platte auf.
In den USA wird die Sängerin gefeiert. »Für die waren wir
Exoten«, erzählt Gudrun Lange, »die Amis wußten ja, daß
da irgendwo ein Mauerfall stattgefunden hatte.« Die neue
Platte wird im Westen ein Erfolg. Gudrun Lange ist stolz
und glücklich, mit der Reise nach Amerika ging für sie ein
Traum in Erfüllung.
Doch nicht alle kehren begeistert aus Amerika zurück.
Und Loman, der Cowboy aus Thüringen, geht deshalb ab-
sichtlich nicht nach Amerika: »Ich will mir meinen Traum
nicht kaputtmachen.« Denn das Idealbild des Wilden Westens, daß die Cowboys und Indianer der DDR hatten, hält
dem Vergleich mit der Realität nicht stand. Die DDR-
Cowboys finden nicht die lang ersehnte Freiheit, und die
DDR-Indianer erleben ihre amerikanischen Verwandten
nicht als die edlen, protosozialistischen Helden. Insbesondere in den Reservationen der Dakota herrscht hohe Arbeitslosigkeit, Alkoholismus ist weit verbreitet und der all-
tägliche Lebensstil entspricht nicht den idealisierten
Vorstellungen. Im Gegenteil. »Das sind halt auch ganz einfach normale Amerikaner. Die stehen auf den Ladeflächen
ihrer Pick-ups, schießen die Bären tot und schneiden ihnen
dann nur die Tatzen ab«, berichtet Gerry enttäuscht.

Gojko wird Winnetou

1996 macht sich Gojko Mitic auf den Weg in den Wilden Westen. Er besucht ein Filmfestival, das unter dem Titel »East German ›Indian Movie‹ Festival – Yugoslavian actors on Russian horses as Native American heroes« seine alten DEFA-Filme zeigt.[6] Auch wenn man in den USA die Filme belächelt und als »Klischee vom Klischee« wahrnimmt, freuen sich die Indianer über den Besuch von »Mr. Mitic from East Germany«. Gojko bekommt vom Stammesältesten der Ojiba-Indianer den würdevollen Namen »Wolf« verliehen. Aber schon lange vor den amerikanischen Indianern hatte die westdeutsche Karl-May-Gemeinde Gojko Mitic adoptiert. Bereits 1992 tritt er die Nachfolge von Pierre Brice, dem ewigen Star der westdeutschen Winnetou-Filme, an. Bei den jährlich in Bad Segeberg stattfindenden Festspielen übernimmt er bis 2006 die Rolle des nun gesamtdeutschen Winnetou. Gojko, der Held des Antiimperialismus, läuft zum Klassenfeind über.

Anmerkungen

1 Die Sendung, die die Frage »Wo lebt in der DDR der größte Indianer-Stamm?« zu beantworten hatte und den »Rekordhalter« küren wollte, wurde vom Fernsehen der DDR am 22. Oktober 1989 live aus dem Kulturpalast Dresden übertragen.

2 Vgl. zu den Ereignissen am 9. November 1989: Hertle, Hans-Hermann, *Chronik des Mauerfalls*, Berlin 1996.

3 Die »Allianz für Deutschland« war ein Wahlkampfbündnis aus Demokratischem Aufbruch (DA), DSU und CDU.

4 Rede von Lothar de Maizière anläßlich des Festaktes zur Deutschen Einheit am 2. Oktober 1990, in: *Dokumentation zum 3. Oktober 1990. Reden zur Deutschen Einheit*, hg. vom Presse- und Informationsamt der Bundesregierung, Bonn 1990, S. 12-18, hier S. 12.

5 Die beiden wichtigsten sind: *Winnetous Erben* (1990) von Ed Cantu

für das ZDF und *Tipi, Totem, Tomahawk* (1998) von Daniel Zapata
für den MDR.

6 Vgl. Hecker, Sven, »Gojko Goes America. Ein Reisebericht von Sven
Hecker«, in: *Gojko Mitic, Mustangs, Marterpfähle*, hg. von Frank-
Burkhard Habel, Berlin 1997, S. 234-238.

Goldrausch in blühenden Landschaften

Die einen brechen auf ins gelobte Land, die anderen bleiben zurück in der Heimat. Schließlich verspricht ihnen Helmut Kohl am 1. Juli 1990 mit der Wirtschafts- und Währungsunion »blühende Landschaften«. Der Sozialismus wird in die ewigen Jagdgründe befördert, und die Revolverhelden aus dem Westen übernehmen die Führung. Sie verkörpern Pioniergeist, den Aufbruch in die freie Welt jenseits der Grenzen. Bereits einige Tage zuvor hat sich die »Country Music Association« der DDR offiziell gegründet. In der ganzen Republik, die erst »Beitrittsgebiet« und dann »die neuen Bundesländer« heißt, entstehen neue Country Clubs. Die Westernhelden sind die Gewinner der Wende. Nicht nur im Hobby, sondern auch im richtigen Leben. Die Cowboys aus dem Westen und dem Fort Westberlin suchen neues Weideland, und Goldsucher ziehen gen Osten. Das Indianerland und sein »Volkseigentum« wird in die neue Wirtschafts- und Gesellschaftsordnung überführt: ein Eldorado für kapitalistische Glücksritter. Diesmal ist nicht »Junkerland in Bauernhand« das Motto, sondern »Indianerland in Cowboyhand«. Privatisierung ist das Ziel der neunziger Jahre. Dabei gibt es viele Verlierer. Ostdeutschland wird zur Heimat von ABM, der Arbeitsbeschaffungsmaßnahme.

Indianerland in Cowboyhand

Weihnachten 1989. Loman, Cowboy und Sattlermeister aus Thüringen, ist sich sicher, wer die Sieger der Geschichte sind. Er zieht sich seine komplette Cowboymontur an, nimmt die Südstaatenflagge in die Hand und reitet auf eine Anhöhe an der Autobahn in der Nähe von Gotha. Hier begrüßt er die neugierigen Westdeutschen, die nun erstmals ohne Visum in die DDR einreisen dürfen. Ihnen will er zeigen, »daß es auch eine andere DDR gibt«.

Und die sieht für die Westdeutschen auch ganz vielversprechend aus. Durch Währungs- und Wirtschaftsunion eröffnen sich neue Absatzmärkte. Auf einmal sind die Regale voll mit Waren aus Westdeutschland und Unternehmen aus den alten Bundesländern suchen nach lukrativen Investitions- und Expansionsmöglichkeiten.

»Der Marlboro-Cowboy reitet nicht allein in die DDR«, titelt das *Neue Deutschland* im Mai 1990. Philip Morris, der weltgrößte Produzent von Tabakwaren, will die Fabriken des Kombinat Tabak in Dresden, Nordhausen und Berlin übernehmen. Doch die Behörden beschließen, daß die Amerikaner sich den Claim mit Reemtsma und Camel teilen müssen. Den Sozialismus ist man los, einen ungezügelten Monopolkapitalismus will man trotzdem nicht.

Doch wie soll das Indianerland privatisiert und aufgeteilt werden? 1990 sind ungefähr 40 Prozent der Fläche der Republik sowie rund 9000 Betriebe, die knapp vier Millionen Menschen beschäftigen, Volkseigentum. Auf der 12. Sitzung des Zentralen Runden Tisches am 12. Februar 1990 schlägt das »Freie Forschungskollegium ›Selbstorganisation‹ für Wissenskatalyse an Knotenpunkten« vor, umgehend eine »Treuhandgesellschaft (Holding) zur Wahrung der Anteilsrechte der Bürger mit DDR-Staatsbürgerschaft am ›Volkseigentum‹ der DDR« zu gründen. Schließlich sollen »40 so schrecklich fehlgeleitete Lebensjahre voller Arbeit und Mühen für die Bürger der DDR nicht gänzlich ergebnislos bleiben«. Am 1. März 1990 setzt die letzte sozialistische Regierung unter Hans Modrow den Vorschlag um und gründet die Treuhandanstalt. Ihre Arbeit wird am 17. Juni 1990 durch das »Gesetz zur Privatisierung und Reorganisation des volkseigenen Vermögens (Treuhandgesetz)« geregelt.

Doch von den »Anteilsrechten der Bürger mit DDR-Staatsbürgerschaft« ist keine Rede mehr und in der Realität geht Privatisierung vor Sanierung. Die Ureinwohner verlieren ihr Stammesland. Betriebe und ganze Standorte werden »abgewickelt«, staatliche Fördergelder versickern und Arbeitsplätze verschwinden. Die Wirtschafts- und Währungsunion beschleunigt diesen Prozeß. Billige Westprodukte, mit denen die Waren aus dem Osten nicht konkurrieren können, überschwemmen den Markt.

Die Mehrzahl der DDR-Bürger will endlich auch »in Kapitalismus machen«, viele entfalten eigene ökonomische Aktivitäten. Ganz vorn dabei ist Sven, der FDJ-Cowboy. Er und sein Country Club Brandenburg beginnen, ihre Großveranstaltungen professionell aufzuziehen. Die Partys laufen großartig. Sven verabschiedet sich vom sozialistischen Leben und genießt die neue Freiheit: »Zum Einkaufen nach Berlin bin ich immer mit dem Taxi gefahren.« Die Veranstaltungen reichen ihm bald nicht mehr, Sven will richtige Geschäfte machen. Zum Glück hat er noch gute Kontakte in die ehemalige Sowjetunion und spricht hervorragend Russisch. Statt gen Westen zu ziehen, erobert er die Weiten der postsozialistischen Gemeinschaft unabhängiger Staaten (GUS). Er exportiert gebrauchte Autoreifen: »Was in Deutschland ein abgefahrenes Profil war, war für die Russen noch super.« Sven steigt innerhalb kurzer Zeit zum größten Gebrauchtreifenhändler Tschetscheniens auf. Seine russischen Kontakte führen ihn auch nach Amerika, wo er in Miami mehrere Jahre als Vertreter für russische Sanitärprodukte arbeitet.

Andere sind weniger abenteuerlustig, aber sie versuchen, ihr Hobby zum Beruf zu machen. Red, der junge Rowdy aus dem Film *Vom falschen Weg zur guten Fährte*, macht sich mit einem Western- and Indianstore in Leipzig selbständig. Er wird Händler, verkauft Bücher, Schmuck und Klamotten. Mit einem Stand fährt er von Westernfest zu Westernfest. In Meißen gründen zehn Indianer unter ihrem Häuptling Gaby den Westernladen auf der Leninstraße. Auch Harald Wilk, der Countrysänger, freut sich, daß jetzt alles amerikanischer wird. Er investiert sein Geld in ein Steakhouse. In vielen Orten entstehen solche Unternehmungen: Geschäfte für Westernbedarf, Saloons, Restaurants und sogar kleine Westernstädte, wie etwa Little Big Town in Sachsen-Anhalt.

Auch George, der Aussteiger von Grabow, und sein Apachen-Stamm entdecken die neue Freiheit. Dafür müssen sie nicht über den großen Teich fliegen. Sie verwirklichen ihren Traum in der Heimat. Doch sie müssen erst einmal die neuen Spielregeln lernen. Sie werden von ihrem Gelände in Grabow vertrieben, als dort ein neues Gewerbegebiet erschlossen werden soll, um Investoren anzulocken. »Aber zurück in die Isolation der Kleinfamilie, in eine kleine Wohnung«, das ist für Rehrücken, die von Beginn an in der Kommune wohnt, keine Option. Eigentumsbildung ist angesagt. Die Indianer kaufen gemeinsam eigenen Bo-

den, den Floringshof im Havelland. Die Kommune vergrö-
ßert sich, zehn Familien zählt der Stamm. »Ich bin schon
immer nach vorne, in freie Räume vorgestoßen. Und die
Grenzen von dem, was man machen konnte, wurden eben
weiter«, erzählt George. Sie errichten Tipis, Erd- und
Blockhäuser, versuchen als Eigenversorger zu leben, betreiben Viehzucht und Landwirtschaft. Geld verdienen sie
mit Reitershows und als Schausteller auf Mittelaltermärk-
ten – schließlich haben sie inzwischen ihre »eigenen« historischen Wurzeln entdeckt. Im Osten laufen Mittelalter-
märkte inzwischen besser als Indianershows, die alle nur an
die untergegangene DDR erinnern.

Eldorado im Förderland

Als der Osten erfolglos privatisiert ist, geht Kaufkraft verloren, die lokale Ökonomie wird immer schwächer. »Die
haben ja alle kein Geld mehr, sich Westernsachen zu kaufen«, bemerken die Entrepreneurs von den Dakotas aus
Meißen. Ihr Westernbedarfsladen geht Pleite.
Den Politikern ist klar, daß Ostdeutschland den Auf-
schwung nicht aus eigener Kraft schaffen kann. Man legt
Förderprogramme auf, die EU schießt Mittel zu, Ostdeutschland wird als »strukturschwache Region« eingestuft. Doch mit den Geldern werden keine kleinen Bröt-
chen gebacken – das Geld fließt ihn prestigeträchtige
Großprojekte: Produktionsstätten für Computerchips,
Autorennstrecken, Luftschiffhallen usw. Auch ein paar re-
präsentative Wild-West-Themenparks sollen her.
Den Anfang macht Radebeul. 1992 plante man dort die
Karl-May-City, kurz darauf in Hoyerswerda gar ein gan-

zes Karl-May-Land. 1993 beginnt die Konzeptentwick-
lung und die Suche nach Investoren. Auf 16 000 Hektar
Braunkohlentagebau-Brache soll bis 2006 Europas größter Themenpark entstehen, mit Goldgräberstadt, Gold-
bergwerk, Indianerlager, künstlichen Seen, einer Eisen-
bahnstrecke, Westernfort und Bisonherden. Auch an die
besser betuchten Besucher denken die Konzeptentwick-
ler: Für sie planen sie ein Fünf-Sterne-Hotel namens Go-
vernors Castle. Das ganze Gelände wollen sie mit einem
74 Kilometer langen Palisadenzaun begrenzen. Über Jahre
zieht sich die Projektierungsphase hin. 1996 schreibt *Die
Zeit*:

»Winnetou lebt. Er reitet über weite Steppen, durch tiefe
Canyons, vorbei an der Cattle Ranch und am Palisadenzaun des Militärforts, die Hauptstraße von West-Town
entlang zur luxuriösen Hazienda des Gouverneurs – und
das alles nicht weit von Hoyerswerda, im Land der
Braunkohle und der verlassenen Fabriken.«[1]

500 Arbeitsplätze sollen entstehen, doch noch ist kein Investor gefunden, der 300 bis 400 Millionen Euro in das Projekt stecken will. »Pläne für Karl-May-Land platzten wie
Seifenblasen«, schreibt die *Leipziger Volkszeitung* 1998,
und die *Lausitzer Rundschau* titelt: »Winnetou reitet nicht
durch die Lausitz«. Der zuständige Staatssekretär im Sächsischen Ministerium für Wirtschaft und Arbeit erklärt enttäuscht: »Wir haben eine wunderbare Idee für einen herr-
lichen Ferienpark. Aber wir haben trotz weltweiter Suche
keinen Investor, der sie umsetzt und betreibt, keine Bank,
die die Finanzierungslücke schließt, und kein Tourismus-
unternehmen, das die Vermarktung absichert.« Weder die

Radebeuler Karl-May-City noch das Karl-May-Land in Hoyerswerda werden Wirklichkeit.

Mehr Glück hat die Stadt Hasselfelde/Harz in Sachsen-Anhalt. Im Sommer 2000 eröffnet dort die Westernstadt Pullman City II, ein Ableger des Westernerlebnisparks Pullman City in Niederbayern. Beide Parks hat das Investorenehepaar Milotzki ins Leben gerufen. Die nötigen Mittel stammen aus staatlicher Förderung und privaten Immobilienfonds. Im Jahr 2003 legen die Milotzkis einen geschlossenen Immobilienfonds für einen weiteren Wild-West-Park auf. In Templin in Brandenburg, rund 70 Kilometer nordöstlich von Berlin, wollen sie Silverlake City errichten. Auf dem Gelände, das an den Röddelinsee grenzt, befand sich früher das FDJ-Ferienlager »Klim Woroschilow«. Ganz in der Nähe wollte Potlatch Pete Anfang der neunziger Jahre seine in der DDR gescheiterte Vision von einem Erlebnispark – nun unter echten kapitalistischen Bedingungen – verwirklichen. Doch Cowboys und Indianer paßten damals noch nicht ins Tourismus-Konzept des Landes Brandenburg, erst mit dem neuen Jahrtausend wurden sie zu einem wirtschaftlichen Hoffnungsschimmer für die darbende Uckermark.

Die Investoren von Silverlake City versprechen, die Atmosphäre des DDR-Ferienlagers durch eine ordentliche amerikanische Westernstadt zu ersetzen, »mit fast allem Drum und Dran, aufgebaut mit vielen Ideen«. Die Einrichtungsgegenstände »sind echt aus dem Wilden Westen des Jahres 1880«, so die damalige Presseerklärung. Die *Berliner Zeitung* schreibt im Juli 2004:

> »Der Tagesablauf wird in Silver Lake City folgendermaßen aussehen: Um 11 Uhr tanzen die Indianer, um

12 Uhr wird die Silver Lake National Bank überfallen, der Sheriff schießt den Räuber vom Balkon und um 13 Uhr beginnt die Show in der Music Hall mit ihren 1200 Plätzen. Und dann geht alles wieder von vorn los. Das heißt: mindestens zweimal am Tag ein Banküberfall.«[2]

Hauptattraktion ist die Indianershow des achtzigjährigen Cherokee-Indianers Buffalo Child Long Lance. Von 1966 bis 1971 leitete der zuvor in Deutschland stationierte GI in Bamberg das Karl May-Museum, später kehrte er in die USA zurück. Seit 20 Jahren lebt er wieder in Deutschland und arbeitet vor allem in Westernparks. »Wir wollen uns von anderen Themenparks abheben und eine authentische Atmosphäre schaffen«, sagt Parksprecher Siegfried Schiemann. »Wir haben keine Indianer-Darsteller, sondern echte Indianer.«[3] 100 Arbeitsplätze wollen die Milotzkis in Templin schaffen, 17 Millionen Euro investieren. Ein Drittel kommt als Kredit von der Bank, ein weiteres Drittel aus dem Immobilienfond, also von privaten Anlegern. Das letzte Drittel will das Land Brandenburg als Fördergeld zuschießen. Bereits für das erste Jahr verspricht man den privaten Investoren neun Prozent Rendite, bis 2016 soll sie auf 25 Prozent steigen. Schon 2005 – selbst Pullman City II im Harz schreibt keine schwarzen Zahlen – ist unsicher, ob Silverlake City überhaupt starten kann. Die Landesinvestitionsbank hält die Fördergelder zurück.
Zwar eröffnet Silverlake City dennoch, aber nach nur einer Saison geht der Freizeitpark pleite. Die Betreiber haben mit 250 000 Besuchern pro Jahr kalkuliert, tatsächlich kommen 50 000. Die privaten Anleger haben ihr Geld versenkt, die ursprünglich geplanten 100 Arbeitsplätze sind verloren,

der Traum von einer touristischen Attraktion in der Uckermark ist zerplatzt.

2006 dann völlig überraschend eine Wende: Aus Silverlake
City wird »Eldorado«. Wo kein Silberschatz zu finden ist,
kann man vielleicht Gold schürfen. Der neue Betreiber hat
bereits den Filmpark Babelsberg in ein lukratives Unternehmen verwandelt. Die eigens gegründete Eldorado
Abenteuer GmbH eröffnet 2006 den überarbeiteten Themenpark, zunächst mit zwölf, im Saisonverlauf dann mit
70 Mitarbeitern. Das Land Brandenburg stellte aus den
ursprünglich für Silverlake City bewilligten, aber nicht
ausgezahlten Fördergeldern, 4,5 Millionen Euro zur Verfügung.

»Für unsere Besucher sollen Spaß, Abenteuer und Träume
im Mittelpunkt eines erlebnisreichen Tages stehen. Wir
möchten anknüpfen an Traditionen der unvergeßlichen
DEFA-Indianerfilme«, beschreibt der Geschäftsführer das
neue Konzept. Auch baulich entwickelt der Park sich weiter. Neben einem Zelt für Greifvögel und einer Arena für
Stuntshows wird auch ein Marterpfahl aufgestellt. Der
70 000 Quadratmeter große Themenpark ist ausgestattet
mit allem, was sich der Western-, Cowboy- und Indianerfreund wünscht: Streichelzoo und Bisongehege, Fort, Erd-
haus und Tipilager, Goldwäsche und Kanu-Verleih, Music
Hall und Schießstand. Zudem gibt es ein vielfältiges Unter-
haltungsprogramm: Konzerte von Harald Wilk und anderen ostdeutschen Countrystars, Linedance-Partys mit We-
sternbuffet, Indianerwochenenden, Rodeofestivals und
natürlich auch ein Civil-War-Weekend, an dem der Amerikanische Bürgerkrieg nachgestellt wird. Der neue Park bietet nicht nur Wilden Westen, sondern auch ein bißchen
Ostalgie. Sogar Gojko Mitic reitet durch Eldorado, um

»aus seinem Leben als Rothaut« zu berichten, wie die *Mär-kische Allgemeine Zeitung* im Juli 2007 schreibt. Der Hauptunterschied zum vorherigen Betreiberkonzept ist der Eintrittspreis: 8,50 statt wie vorher 14 Euro.

Der brandenburgische Wirtschaftsminister Ulrich Jung-hanns ist bei der Wiedereröffnung 2006 optimistisch: »Mit Eldorado wird die Region um eine touristische Attraktion reicher.« In der ersten Saison hat Eldorado, glaubt man den Berichten des Managements, mit 75 000 Besuchern sein Ziel erreicht. 115 000 kommen in der Saison 2007, fast so viele wie geplant. Doch die meisten Arbeitsplätze im Park sind saisonal und benötigen keine besondere Qualifikation.

ABM-Indianer

Im Osten zeigt der Kapitalismus sein wahres Gesicht. Für viele bestätigt sich die Sorge, die Gudrun Lange in ih-rem anläßlich der Wiedervereinigung geschriebenen Song »Nach vorn auf dem Weg« zusammenfaßt: »Noch können wir nicht sehen, ob es wirklich Liebe ist.«

Viele der Cowboys und Indianer beschreiben die Wende als Beginn ihres sozialen Abstiegs. Zumindest diejenigen, die im Osten geblieben sind. »Also wirtschaftlich ist es Scheiße«, sagt Wahattoke, der Mohawk-Häuptling aus Brandenburg, »jetzt könntest du endlich überall hinreisen, aber jetzt fehlt das Geld. Das ist natürlich blöd. In der DDR war es wirtschaftlich nicht ganz so kraß. Es war zwar auch schwer, einen guten Job zu finden, aber überhaupt einen zu finden, war einfach. Aber du kamst eben nicht raus. Heute kannst du nur noch auf einen Lottogewinn hoffen, damit du noch mal nach Amerika fahren kannst.«

Anfang der neunziger Jahre zog Wahattoke mit Frau und Kindern in sein Langhaus auf dem Klubgelände: »Ich wollte schon immer draußen wohnen und außerdem konnten wir so Geld sparen.« Aber es gab Ärger mit den Besitzern des Nachbargrundstückes, die einen Anwalt einschalteten. Weil Wohnnutzungen auf einem Gartengrundstück nicht erlaubt sind, mußten Wahattoke und seine Familie schließlich das kleine, selbstgebaute Irokesendorf verlassen.

Heute ist er immer noch arbeitslos: »In meinem Alter, hier in der Gegend – da kriegste nichts. Da kenn ich einige andere, die bessere Berufe gelernt haben als ich.« 2006 eröffnet in Brandenburg eine neue Zigarettenfabrik. Investor ist ein amerikanischer Indianerstamm, die Mohawks, die auch in den USA mehrere Zigarettenfabriken unterhalten. Wahattoke und seine Frau schöpfen Hoffnung, unter Indianern hilft man sich schließlich. Er und seine Frau schreiben Bewerbungsbriefe: »Naja, wir haben gehofft, daß wenigstens meine Frau in der Zigarettenfabrik eine Festanstellung bekommt, aber das hat nicht geklappt.« Bei der Arbeitssuche helfen auch die alten indianischen Verbindungen nicht.

Daß die Marktwirtschaft ihre eigenen Regeln hat, merkten auch die ehemaligen Mitarbeiter von Silverlake City. Als der Park pleite geht, sitzen sie auf der Straße. Der Lohn mehrerer Monate steht noch aus. Einige wollen den Themenpark nicht verlassen. Sie waren mit ihren Pferden und Ponys in die Westernstadt gezogen, um als Cowboys, Westernreiter und Postkutschenfahrer den Touristen die heile Wildwest-Welt vorzuspielen. Kurzentschlossen besetzen sie das Gelände. Einen Winter lang machen sie aus Silverlake City ein Fort gegen den Kapitalismus.

Selbst diejenigen, die sich nach den Regeln der freien Wirtschaft eine Zukunft aufbauen wollen, haben es nicht leicht. Red macht seinen Westernshop nur noch einmal die Woche auf, sein Sortiment ist kleiner geworden. Er verkauft nur noch Bücher, keine Indianeraccessoires und Cowboyklamotten mehr. Sein Geld verdient er als Kurierfahrer.

Auch Gudrun Lange ist enttäuscht von der Realität des Wilden Westens. »Ich war naiv, zu naiv«, meint sie im Rückblick. Der Erfolg hat seinen Preis. Ihr damaliger Produzent Tom Astor fordert von ihr, sich mehr in Richtung Schlager zu entwickeln. Und die Plattenfirma EMI-Electrola will nicht die Band Kactus, sondern die Sängerin Gudrun Lange vermarkten. Doch das geht ihr zu weit: »Nicht ohne meine Jungs«, sagt sie. Ihre viel besungenen »bärenstarken Cowboys«, die Band und die eigene, ostdeutsche Identität sind ihr wichtiger als der große Erfolg im Westen. Nach einem Jahr verliert sie ihren Plattenvertrag. Ostdeutsche Solidarität und westdeutsches Marketing passen nicht zusammen.

Die Folgen des postsozialistischen Transformationsprozesses und die alltäglichen ökonomischen Probleme der Ostdeutschen werden im Westen nicht ernstgenommen.

Ein besonders drastisches Beispiel ist Eberhard alias Broken Hand. Broken Hand war als »ABM-Indianer« in ganz Deutschland berühmt – zumindest an Andy Warhols »15 Minutes of Fame« bemessen. Über Broken Hand berichten von Herbst 1999 bis Frühjahr 2000 die *Bild*, die *Super Illu*, *Der Spiegel*, die *Financial Times*, RTL, Sat 1 und Pro Sieben. Sogar in Stefan Raabs Sendung *TV total* schafft er es. »Wieviel Geld gibt es denn? Heute macht doch niemand mehr etwas umsonst!« ist die erste Reaktion von Broken Hand, als wir telefonisch um ein Gespräch bitten. »Ihr ruft doch nur an, weil ich der ABM-Indianer bin.«

Broken Hands Karriere beginnt lange vor der Wende. Als Junge liest er Indianerbücher und sieht die Filme mit Gojko Mitic. 1984 trifft er zufällig auf eine Gruppe Indianisten: »Das war meine Geburtsstunde.« Später gründet er in Westewitz-Döbeln seinen eigenen Klub. Die Stadt überläßt ihm einen alten Steinbruch. Mit der Wende fällt die staatliche Unterstützung weg, er muß das Gelände räumen. Die Gruppe zerstreut sich in alle Winde, und Broken Hand verliert seine Arbeit als Maurer. Damit beginnt, wie er es nennt, seine »Solokarriere«. Mitte der neunziger Jahre bekommt er von seiner Heimatstadt Leisnig ein kleines Grundstück zur Verfügung gestellt. Er baut ein Indian Camp auf, in dem sich abends Jugendliche treffen, um den Tag im Wilden Osten bei Lagerfeuer und Bier ausklingen zu lassen. Für Schulklassen veranstaltet er »indianische Spiele«, auch Kindergartengruppen nutzen sein Angebot. Nach fünf Jahren Arbeitslosigkeit bietet ihm der Bürgermeister an, beruflich in der Jugendarbeit tätig zu werden. Wie viele Langzeitarbeitslose bekommt Broken Hand eine Arbeitsbeschaffungsmaßnahme, endlich eine neue Chance. Aus Mitteln des Arbeitsamtes wird er 1999 im »Technologieorientierten Gründer- und Entwicklungszentrum Leisnig/Döbeln GmbH« angestellt – als Indianer. Er soll die Kultur der amerikanischen Ureinwohner an Kinder und Jugendliche vermitteln. Aus Broken Hand wird der ABM-Indianer.

Für die Medien ist die Geschichte ein gefundenes Fressen, Journalisten belagern das Indian Camp. Die Reporter ziehen über den »ABM-Wahnsinn« in den neuen Bundesländern her und geben den ABM-Indianer mit Trabbi und Federhaube der Lächerlichkeit preis. »Bund der Steuerzahler gräbt Kriegsbeil aus«, schreibt die *Bild*, »ABM: Sozialismus mit Westgeld«, titelt *Der Spiegel*. Der traurige Höhepunkt der Karriere von Broken Hand ist der Auftritt bei Stefan Raab. In kompletter Klamotte, mit Trommel, Bowiemesser und Winchester tanzt Broken Hand singend und trommelnd ins Studio. Nachdem er Platz genommen hat, stellt Raab hinter seinem Sessel einen Ventilator an. Dem stolzen Indianer weht der selbstgebaute Federschmuck ins Gesicht. Der Gag wird ein zweites und drittes Mal wiederholt, schon ist der Auftritt vorbei. Auch die Politik meldet sich zu dem Fall zu Wort. Der damalige CDU/CSU-Fraktionsvize im Bundestag Hermann Kues stellt klar, daß Indianerspielereien nicht Sache des Arbeitsamtes seien. Und Guido Westerwelle resümiert: »Das hat mit Sozialstaat nichts mehr zu tun.« Aus dem stolzen Indianer Broken Hand wird eine Witzfigur der deutschen Mediengesellschaft.

Auf dem Floringshof merken George und seine Apachen, daß ein Leben ohne Geld in diesem Staat nicht möglich ist. Denn die Zeiten der gesellschaftlichen Neuordnung sind vorbei. Inzwischen gibt es viele Marshalls, die für Recht und Ordnung sorgen. Außerhalb geschlossener Ortschaften in wild gebauten Indianerbehausungen zu leben, ist nicht mehr erlaubt. Doch George und seine Mitstreiter wollen sich nicht fügen. Sie haben gelernt, wie man in Konfliktsituationen mit dem Staat umgeht: sie demonstrieren. Mit Pferden und Plakaten ziehen sie zur Kreisverwaltung Neuruppin, natürlich in Indianerklamotte. »Indianer sind kulturelle Bereicherung«, »Wir wollen in Frieden und würdevoll leben«, »Legalisiert unsere Lebensweise«, steht auf ihren Schildern. Sie kämpfen gegen das Baugesetzbuch, das ihnen ein Leben in Erdhäusern, Tipis und mit offenen Feuerstellen verbietet. Am Ende kommt es zu einer gütlichen

Einigung. Sie dürfen auf ihrem Gelände bleiben, müssen aber fest stehende Blockhäuser bauen. Doch mit der Autarkie wird es nichts. Fast alle auf dem Floringshof beziehen Hartz IV.

Das neue Reservat

Aufgrund der Abwanderung nach Westen verlieren viele ostdeutsche Städte und Dörfer ihre Bewohner. Urbanisten sprechen von schrumpfenden Städten und stellen die bisherigen Konzepte von flächendeckender Wirtschaftsförderung radikal in Frage, so zum Beispiel der Berliner Stadtsoziologe Werner Sewing: »Großteile von Ostdeutschland werden große Landschaftsparks, da werden Wisente rumlaufen, man wird mittelalterliche Inszenierungen machen. Die Frage ist natürlich, ob man so radikal ist und sagt: Große Teile von Ostdeutschland haben eine Chance als Themenpark.«[4]

Einen kleinen Ausblick auf diese mögliche Zukunft geben Häuptling Joe und Falk Selka. Beide sind Bisonzüchter. Falk Selka, der die Buffalo-Ranch in Neukieritzsch nahe Leipzig betreibt, hatte 1974 einen Ausreiseantrag gestellt. 1978 verließ er die DDR gen Westdeutschland. Später zieht er nach Kanada, betreibt dort ein Hotel und ein Restaurant. 1999 kehrt er mit einer neuen Idee in seine alte Heimat zurück: Bisonfleisch. Er kauft zehn Hektar Land einer ehemaligen Braunkohlentagebauhalde in unmittelbarer Nähe seines Geburtsortes. Hier züchtet er amerikanische Bisons und beliefert Restaurants in ganz Europa mit Bisonfleisch und Bisonwurst. Auf dem Gelände entsteht nach und nach eine Erlebnis-Ranch im Westernstil, und seine Viehherde zieht durch die postindustrielle Landschaft. Joe, der frühere Häuptling der Mandan-Indianer in Taucha, hält in der Nähe von Grimma ebenfalls Bisons.

George und seine Frau nutzen die Kräfte der heimischen Natur. Sie haben sich auf deutsche Auerochsen spezialisiert.

Daß die Zukunft Ostdeutschlands vielleicht tatsächlich in der Umgestaltung in ein großes Naturreservat mit wenigen verdichteten Siedlungskernen liegt, wird auch verantwortlichen Politikern bewußt.[5] Eine vom Brandenburgischen Landtag in Auftrag gegebene Studie schlägt 2007 sogar vor, die Bewohner durch finanzielle Zuschüsse zum Abwandern zu motivieren, um so die Kosten für die Aufrechterhaltung der teuren Infrastruktur einzusparen.

»Die demographische Entwicklung der nächsten Jahrzehnte wird an manchen Orten kaum noch eigene Entwicklungsdynamik zulassen. Hier den Erosionsprozeß künstlich aufzuhalten, wäre Mittelverschwendung. Die Regierung sollte daher zum einen entschieden das Überleben unterstützen. Zum anderen sollte der Staat in Landstrichen, in denen sich die Lage kontinuierlich verschlechtert, den Rückzug bis hin zur Streichung von Versorgungs- und Gewährleistungsstandards unterstützen – also eine Entleerung geradezu fördern. Um Aufwendungen für die verbleibenden Schwundstandorte so gering wie möglich zu halten, muß das Land versuchen, die Menschen dort, wo kein anderer Impuls möglich ist, zum Abwandern zu motivieren. Dies könnten etwa Prämien für das Verlassen einer sich entleerenden Region sein. Solche Maßnahmen werden jedoch wenig populär sein und möglicherweise sogar Widerstand in der Bevölkerung hervorrufen. Die Regierung muß also vermitteln, daß eine teilweise Entsiedelung auch ohne ihr Eingreifen unausweichlich ist – dann aber wesentlich teurer würde, sich schlechter beherrschen ließe und zu Lasten der Potentialförderung anderer Gegenden ginge. Der staatliche Rückzug aus manchen Regionen könnte umgekehrt für das Ausschöpfen neuer Potentiale genutzt werden: So wäre denkbar, eine Landschaft zu einem Naturerlebnisgebiet ›Wildnis‹ umzuwidmen, das Besucherströme anziehen und somit gerade durch Aufgabe staatlicher Leistungen neue Geldzuflüsse erschließen könnte.«[6]

So mancher einfache Bürger hat die Zeichen der Zeit erkannt. Wolfgang, ein alter Tauchaer Indianerfreund mit Blockhaus und Tipi im Garten, hat an seinem Zaun Plakate gegen Hartz IV und Agenda 2010 aufgehängt. In der *Delitzsch-Eilenburger Kreiszeitung* verkündet er schon 2004: »Wenn ich mein Haus nicht mehr halten kann, werde ich eventuell mein Zelt nehmen und als Nomade umherziehen.« Über die Zukunft des Wilden Ostens macht er sich keine Illusionen: »Wir werden durch die Politik zu Nomaden gemacht. Ostdeutschland wird zum Reservat.«
Und vielleicht hatte Helmut Kohl genau ein solches Reservat mit unberührter Natur, Bisonherden und einigen Nomaden vor Augen, als er dem Osten 1990 »blühende Landschaften« versprach.

Anmerkungen

1 Schmid, Klaus-Peter, »Winnetou in Hoyerswerda«, in: *Die Zeit* 52/ 1996.

2 Blankennagel, Jens, »Zweimal täglich Banküberfall«, in: *Berliner Zeitung* vom 31. Juli 2004.

3 Ebd.

4 Interview mit Werner Sewing für den Beitrag »MetroSachs« von Friedrich von Borries und Walter Prigge zur Ausstellung »Schrumpfende Städte II« im Jahre 2005.

5 Vgl. auch »Diskussionspapier ›Zukunft Sachsen-Anhalt‹«, online unter: ⟨www.fdp-fraktion-lsa.de/files/Zukunft_Sachsen-Anhalt_05.10. 04.pdf⟩ (Stand: 29. Dezember 2007).

6 Gutachten zum demographischen Wandel im Land Brandenburg. Expertise im Auftrag des Brandenburgischen Landtages. Online unter: ⟨http://www.berlin-institut.org/⟩ (Stand 23. Dezember 2007).

High Noon mit der Staatssicherheit

Ein High Noon, eine Abrechnung mit der Staatssicherheit, gab es in der Westernszene nicht. Wie viele Ostdeutsche wollen auch die Indianer seit der Wiedervereinigung ihre alltäglichen Zugeständnisse an die Diktatur nicht groß thematisieren.[1] Die meisten Häuptlinge schweigen, wenn wir nach Überwachung, Bespitzelung und den alltäglichen Auswirkungen der Diktatur auf die Indianistik fragen.

Es scheint, als hätten die Indianer gar nicht in einer Diktatur gelebt. »Wir hatten keine Probleme mit der Stasi«, hören wir oft. Dabei gab es vielfältige Kontakte zu den Sicherheitsorganen, und einige Indianer arbeiteten als IM. Aber auch die, die überwacht und bespitzelt wurden, sind nicht immer gesprächsbereit. »Es war ja nicht alles schlecht«, sagen sie. Die DDR ist auch für die Opfer Heimat, auf die man nichts kommen lassen will. An Aufarbeitung sind nur wenige interessiert. »Ich bin kein Heckwasserbetrachter. Das ist vorbei, und das Leben ist so kurz. Für mich ist die DDR gestorben, die Szene war verarmt, krank und reichlich von der Stasi durchzogen«, erzählt Potlatch Pete.

Nur ein Häuptling ruft Anfang der neunziger Jahre seinen Stamm zusammen, um sich als IM zu enttarnen und die Mitglieder um Entschuldigung zu bitten. Öffentlich darüber sprechen möchte dieser Häuptling allerdings nicht.

Old Manitou dagegen geht nach der Wende auf Nummer Sicher. Vor der Wahl zur neuen Gruppenleitung müssen die Kandidaten eine Stasi-Überprüfung durchlaufen und nachweisen, daß sie keine Spione der »Roten« waren. Bei

der Bundesbeauftragten für die Unterlagen der Staatssicherheit der ehemaligen Deutschen Demokratischen Republik (BStU) haben sie dafür ihre Akten angefordert.

Seit der Wende kann jeder Betroffene bei der BStU die über
ihn vorliegenden Unterlagen einsehen. Das noch von der
letzten Volkskammer der DDR verabschiedete Gesetz zur
Sicherung und Nutzung der personenbezogenen Akten
des MFS/AfNS wäre allerdings auf Druck der westdeutschen Verhandlungspartner beinahe nicht in den Eini-
gungsvertrag aufgenommen worden. Sie wollten die Einsicht in die Akten-Bestände des MfS nur unter äußerst
restriktiven Bedingungen gewähren. Das nahmen die Bürgerrechtler nicht hin. Am 4. September 1990 besetzten sie
die ehemalige Zentrale des MfS in der Berliner Normannenstraße. Am 12. September traten sie in einen Hunger-
streik und erzwangen so einen Zusatz zum Einigungsver-
trag, der die Aufarbeitung ermöglicht und ein Auskunfts-
recht für Betroffene festschreibt.[2]

Doch Akten sind nur die halbe Wahrheit. Um den Einfluß
der Stasi auf das Indianerhobby zu verstehen, muß man
den Gerüchten in der Szene nachgehen, mit Opfern und
Tätern sprechen. Es geht nicht um »Schuld« und »Un-
schuld«, nicht um »Wahrheit« und »Lüge«. Uns interessiert, ob die Diktatur Spuren hinterlassen hat, die sich auf
Verhaltensmuster und Denkweisen in der Gegenwart aus-
wirken.

Angst

»Ich würde das Thema Stasi ganz raus lassen«, rät uns
Gerry, Häuptling der Buffalos in Riesa. In den sechziger

Jahren will er Völkerkunde studieren, wird aber nicht zugelassen. Wegen seines Engagements in der Jungen Gemeinde, der Jugendorganisation der evangelischen Kirche, ist er »politisch nicht tragbar«. Besonders eines seiner Plakate hatte die Aufmerksamkeit der Stasi geweckt. Es zeigte einen »schönen, reifen Apfel mit roten Bäckchen, der von innen faul ist und von Würmern zerfressen«, erzählt er. Für die Stasi klare Systemkritik. Seine Erfahrungen mit der Diktatur paralysieren ihn noch heute. »Da muß man vorsichtig sein, schnell wird man mal in eine dunkle Ecke gezogen. Mir haben sie 1989 die Räder am Trabbi lose geschraubt und meine Familie und ich wären beinahe verunglückt. Die Seilschaften gibt es immer noch.« Gerry will über die Stasi nicht sprechen und wechselt das Thema.

Wir fragen Hartmut, den Öko-Indianer aus Hohen Neuendorf, ob wir seine Stasi-Akte einsehen dürfen. Er gibt sein Einverständnis und unterschreibt die Einwilligungserklärung. »Meint ihr, es gibt tatsächlich eine Akte über mich?« fragt er. »Wahrscheinlich«, antworten wir.

»Da könnte schon was drin sein in meiner Akte. Da habe ich mal was ganz dummes gemacht, ich wollte einen indianischen Aufruf veröffentlichen – Weltfrieden und so. Dann gab es mal einen, der Mitglied werden wollte bei uns, zuvor aber einen Ausreiseantrag gestellt hatte. Und dann haben wir ja die Umweltaktionen gemacht, z. B. ein Plakat über Smog in Westberlin. Hier bei uns wurde über Luftverschmutzung ja nicht geredet.«

Man merkt ihm seine Unsicherheit an. Er will Vergangenes ruhen lassen. »Hast du denn je deine Akte einsehen wollen?« fragen wir ihn. »Naja, überlegt habe ich es mir schon, aber ich habe halt Angst, daß ich da Berichte von Leuten finde, die heute noch meine Freunde sind.«

Mit Andreas, dem Schwitzhüttenspezialisten aus Sachsen, reden wir über sein indianisches Showprogramm »Alle runden Dinge mögen einander«, mit dem er in der DDR umweltpolitische Fragestellungen thematisierte. Begleitet von Flötenspiel trug er indianische Texte über Natur, Frieden und Philosophie vor. Seine Akte hat er nicht gelesen, aber aus Erzählungen von Freunden weiß er, daß die Stasi seine künstlerische Tätigkeit von Anfang an begleitete. Sein Förderer, der ihn ermutigte, mit dem öko-aktivistisch inspirierten Programm an die Öffentlichkeit zu gehen und ihn bei organisatorischen Fragen unterstützte, war ein IM. Der Pfarrer, der ihm mehrere Jahre lang Kirchenräume für seine Aufführungen zur Verfügung stellte, war ein »Offizier im besonderen Einsatz«, also ein hauptamtlicher Stasimitarbeiter, der offiziell einem anderen Beruf nachging.

Mit solchen Versuchen, die gesellschaftliche Entwicklung zu beeinflussen, gestaltet die Stasi aktiv den Alltag in der DDR mit – auch im kulturellen Freiraum der Cowboys und Indianer. Viele, die von der Stasi »bearbeitet« wurden, fragen sich deshalb heute, was in ihrem Leben »echt« und was von der Stasi gelenkt war. Trotzdem trauen sie sich nicht, ihre Akten zu lesen. Sie haben Angst, ein zweites Mal verletzt zu werden.

Selbstgerechtigkeit

Auf unserer Reise durch Ostdeutschland besuchen wir auch Cowboys und Indianer, die angeblich für die Stasi gearbeitet haben. Dazu gehört auch Birgit. »Die ersten

300 Jahre sind immer blutig, wenn man eine neue Gesellschaftsordnung errichten will«, sagt Wolf, als wir seine Frau und ihn auf das Thema ansprechen.

In der Szene kursiert das Gerücht, die »rote Birgit«, wie sie genannt wird, sei Majorin bei der Stasi gewesen. »Nein, für die Stasi habe ich nie gearbeitet«, sagt sie. »Aber vom sozialistischen Projekt war ich fest überzeugt. Für mich war die DDR mein Heimatland, ich war in der Partei und Kreissekretärin des Kulturbundes. Ich habe den historischen Materialismus und diesen Staat nie in Frage gestellt. Und Probleme mit der Stasi hatten wir nicht.« Nur kleine Geschäfte machte man eben, weil man sich in der Stadt gut kannte. Und da Raumnot herrschte, nutzte der Klub eben eine »konspirative Wohnung« für die wöchentlichen Indianertreffen. Sie sehen sich nicht als IM.

Wir sprechen mit IM Hans, auch er einst Leiter einer Indianergruppe. Er ist von der Staatssicherheit vom Verdächtigen zu einem IM umgedreht worden. Anfang der achtziger Jahre führte die Stasi gegen ihn die OPK »Tomahawk« durch. Infolge der Verunsicherungs- und Zersetzungsmaßnahmen wird er schließlich als IM angeworben. Er sieht sich nicht als Opfer der Stasi, hat seine Akte nie gelesen. Stattdessen versucht er, sich zu rechtfertigen. Ein Gespräch mit seinem Sohn, der von der IM-Tätigkeit seines Vaters erfahren hat, steht noch aus. Er ist ein doppeltes Opfer: Erst der Stasi, die ihn zum Täter machte, dann der Stasi-Aufarbeitung, die nur schwarz-weiß zwischen Tätern und Opfern unterscheidet. Doch IM Hans kann diesem Muster nicht entkommen, bleibt dem Rollenbild »IM« verhaftet:

»Ich bereue nichts, schließlich waren wir im Klassenkampf. Staatssicherheit, daß finden heute alle ganz

schlimm, aber damals war man zu einem gewissen Teil
dafür. Da ist niemand auf die Straße gegangen, und die
Indianisten schon gar nicht. Und ich hatte und habe kei-
nerlei Sympathien für den amerikanischen Staat oder die
sogenannte amerikanische Demokratie. Insofern mußte
das MfS mich nicht groß überzeugen.«

Man habe sich eben im Krieg zwischen West und Ost be-
funden. Das MfS »hatte ja nichts gegen unsere Arbeit, sondern wollte wissen, was los ist, ob fremde Geheimdienste
versuchen, uns zu unterwandern«. Deshalb hörte er sich
um, erfüllte Aufträge. Letztendlich hätte er sowieso keine
Wahl gehabt: »Wir haben eh den längeren Arm«, habe ihm
sein Führungsoffizier zu Beginn der Zusammenarbeit gesagt. Außerdem habe ihm die Stasi bessere berufliche Ent-
faltungsmöglichkeiten in Aussicht gestellt. Wenn er nicht
als IM gearbeitet hätte, wäre diese Möglichkeit weggefal-
len. Mit seinem Führungsoffizier verstand er sich gut, sie
führten intensive Gespräche: »Wir haben uns lange unterhalten, über die Ökobewegung im Westen und was es da an
Extremen gibt. Und das man sich schützen muß, wenn solche Initiativen von Leuten, die nicht durchblicken, hier bei
uns aufgegriffen werden. Mitunter mußte man sich eben
vor solchen Auswüchsen schützen.«
Die Stasi war mit seiner Entwicklung sehr zufrieden. Denn
ursprünglich, so schreibt sein Führungsoffizier in der Akte
»Tomahawk«, gehörten IM Hans und seine Gruppe zu den
»negativen Kräften«,

»die sich auf ökologischem Gebiet, mit pazifistischem
Gedankengut antisozialistischer Prägung identifizierten. Er selbst bezog bis etwa 1983 derartige Positionen

und es ist heute einzuschätzen, daß nicht zuletzt durch Zersetzungs- und Überzeugungsmaßnahmen des MfS, er eine realistische Position zu diesen Fragen bezieht. Aus dem Prozeß von 1983 beginnend kann heute eingeschätzt werden, daß er erkennt, welche Gesellschaftsordnung die Völker unterdrückt und welche Grundfragen unserer Zeit für die weitere Entwicklung bestimmend sind.«[3]

Nachdem man den kritischen Indianisten erfolgreich in einen IM umgepolt hatte, wurde das Einsatzgebiet ausgeweitet. Sein Führungsoffizier erklärte ihm: »Wir müssen präventiv arbeiten, einfach schneller sein. Wir müssen die Gefahren am Anfang erkennen, dann können wir sie noch unauffällig beseitigen.« Das sah IM Hans ein und berichtete von nun an nicht mehr nur über seine Indianerfreunde in der ganzen DDR. Ende Oktober 1989 erhält er vom MfS die Aufgabe, Mitglied im Neuen Forum zu werden. Es gilt, die »feindliche Gruppierung« zu unterwandern, und das findet IM Hans durchaus sinnvoll. »Ich habe das System geschützt, ich wollte nicht, daß die DDR kollabiert«, sagt er. Aber persönlich habe er sich nichts zuschulden kommen lassen, das ist ihm wichtig: »Wir haben ja nichts gemacht, wofür wir uns hätten schämen müssen. Es galt bloß sicherzustellen, daß sich in unserer Gruppe niemand befindet, der gegen die DDR hetzt. Wir wußten ja, was offiziell möglich war.«
Solche Verharmlosung, ja fast Ignoranz gegenüber der eigenen Funktion im System begegnet uns häufiger. »Es ist doch niemandem etwas passiert«, ist so eine Antwort. »Ich hatte das Spiel der Stasi verstanden«, erzählt uns zum Beispiel IM Bruno Fischer, auch er ein früherer Häuptling.

Während seiner Armeezeit arbeitete er für die Staatssicherheit. »Ich hatte keine Angst vor denen. Ich fand das interessant, spannend. Das war wie ein Krimi. Jetzt drehst du den Spieß eben mal rum, dachte ich mir.«

René Wagner, der Direktor des Karl-May-Museums in Radebeul und einige Jahre als IM tätig, schätzt seine Rolle ähnlich harmlos ein:

> »Die Frage war doch immer: Kann ich das verantworten, was ich da aufschreibe? Wenn jemand versucht hätte, dem Museum zu schaden, dann hätte ich versucht, das zu verhindern. Die Indianer auszuspionieren, das war nie die Problematik für mich. Klar, ich sollte gucken, welche Klubmitglieder da sind, aber bespitzeln wollte ich niemanden.«

Überhaupt sei die Stasi gar nicht so schlimm gewesen, meint Smoky. Er selbst sei zwar nicht dabei gewesen, beteuert er, aber einige seiner Kumpels.

> »Das Problem waren weniger die Stasi-Leute, das Problem waren die ›Organe der unteren Ebene‹. Da hatte man es oft mit ganz ungebildeten, penetranten, frechen, faulen, versoffenen, feigen Schweinen zu tun. Die wollten einfach nichts, was irgendwie nach Problemen aussah. Für viele von denen war es einfach schon ein Problem, daß der Wilde Westen heute in den USA liegt. Hätten wir einen Mongolenklub gemacht, die hätten uns Weiber zum vergewaltigen geschickt. Da sind mir 100 Stasi-Leute aber tausendmal lieber als so ein borniertter kleiner Funktionär. [...] Eigentlich war die Stasi nur ein Geheimdienst, wie ihn jeder Staat hat.«

Daß noch heute, fast 20 Jahre nach der Wiedervereinigung, über die Stasi diskutiert wird, hat für IM Hans einen einfachen Grund: »Die Stasi wird hochgejubelt, damit die Menschen nicht hinter die wahren Kulissen schauen. Geheimdienstarbeit ist überall gleich. Dieselben Mittel und Methoden. Heute arbeiten die Geheimdienste doch genauso.« Ähnlich sieht das auch Wolf: »Wenn du heute einen Paschtunen-Klub, also einen Verein über afghanische Stammeskultur gründen würdest, hättest du nicht einen, sondern drei Geheimdienste mit am Tisch sitzen: Bundesnachrichtendienst, Militärischer Abschirmdienst und CIA.«

Die Kooperation mit der Staatssicherheit, erklären uns mehrere ehemalige IM, müsse man aus der damaligen Zeit heraus verstehen. »Du lebst in einem Land und hast die feste Überzeugung, daß dieser Staat ewig existieren wird. Und aus dieser Überzeugung heraus habe ich nach Wegen gesucht, wie ich in diesem Land besser leben kann«, sagt zum Beispiel IM Bruno Fischer. »Ich war zielorientiert. Ich wollte es zu was bringen.« Auch IM Hans macht die damaligen Bedingungen für sich geltend, »schließlich wußte man nicht, daß die DDR einmal untergehen würde«.

Diktatur und Rechtsstaat

Doch die DDR ging unter. Mit der Bundesrepublik Deutschland bekamen die ehemaligen DDR-Bürger eine neue Gesellschaftsordnung, und mit der sind nicht alle zufrieden. Viele ehemalige Bonzen können sich mit dem neuen System gut arrangieren und sind schnell erfolgreich, doch viele Hobbyindianer lernen die Schattenseiten der sozialen Marktwirtschaft kennen. »Das heutige System ist anders, aber nicht besser«, meint IM Hans. Das wurde für ihn schon mit der Maueröffnung deutlich:

>»Dieser Run nach dem Westen, um die 100 Mark abzu-
>holen, da war doch schon alles klar. Wie es jetzt gewor-
>den ist, das ist aber noch viel schlimmer als das, was die
>Kommunisten geschildert haben. Heute leben wir auch
>in einer Diktatur. Es geht nur noch um Geld, Geld, Geld.
>Deswegen Diktatur. Diktatur des Geldes. Es ist alles
>ganz schlimm geworden.«

Immer wieder bricht aus verschiedenen Gesprächspart-
nern Unzufriedenheit, Enttäuschung und Wut über die
heutige Lebenssituation hervor.
Im Erzgebirge, mit Blick auf die Grenze nach Tschechien,
treffen wir Geli und Ulli. Zu DDR-Zeiten war Geli Kulturamtsleiterin, seit den Siebzigern Indianistin und in den
Achtzigern Countryfan. Im Rahmen ihrer Arbeit organisierte sie Countryfeste, und Ulli baute den beiden eine eigene kleine Ranch. Probleme hatten sie mit der DDR nicht,
auch heute fühlen sie sich wohl. Doch seit der Wende sind
sie apolitisch. Geli ist aus der NDPD ausgetreten, wählen
gegangen ist sie seit der Wiedervereinigung noch nicht.
»Ich weiß im Kleinen wie Politik läuft. Wenn man etwas erreichen will, dann muß man die Sache selbst in die Hand
nehmen. Aber bevor andere mit meiner Stimme machen,
was sie wollen, gebe ich ihnen die gar nicht erst«, sagt sie.
Ulli fällt ihr ins Wort und fragt uns: »Sag mal, haste 'ne
Wahl hier? Komm, haste 'ne Wahl? Sag mal! Sind wir doch
mal ehrlich, du kannst dich hier zwischen zwei Diktaturen
entscheiden: entweder die der CDU oder die der SPD.«
Unterschiede zwischen den Parteien sieht er nicht, Partizi-

pationsmöglichkeiten ebensowenig. Im Gegenteil, von der Politik fühlt er sich im Stich gelassen. »Wir haben doch hier im Grenzgebiet mit den Konsequenzen der Osterweiterung zu tun. Du lebst hier doch einfach nicht mehr sicher«, sagt Geli.

Red Mokassin, der Häuptling von Old Manitou, fühlt sich als Bürger zweiter Klasse. Gerade erst ist er von einem Besuch in Baden-Württemberg zurückgekehrt. »Die haben da im Aldi mehr Produkte als hier, und billiger sind die auch.« Für ihn ist die Sache klar: »Erst hatten wir die Russen, jetzt macht uns das eigene Volk kaputt.«

Viele der alten Indianisten haben kein Vertrauen in die Bundesrepublik. Ihre Erfahrungen haben sie desillusioniert, manche hängen gar revisionistischen Verschwörungstheorien an. Am liebsten erinnern sie sich zurück an die guten alten Indianerzeiten, in denen es keine ökonomischen Probleme gab, jeder Arbeit hatte und man in Ruhe dem Hobby nachgehen konnte. Die Einstellung zu Demokratie und Rechtsstaat, die viele unserer Gesprächspartner in Ostdeutschland offenbaren, läßt sich am besten mit einem Satz von Gerry, dem verhinderten Indianerforscher und aktiven Freizeitethnologen, zusammenfassen: »Damals gab es Gesetze und heute gibt es Gesetze, an die muß man sich eben halten.«

Anmerkungen

1 Siehe jüngst die Debatte dazu im Kontext des Gutachtens der sog. Sabrow-Kommission: Sabrow, Martin u. a. (Hg.), *Wohin treibt die DDR-Erinnerung? Dokumentation einer Debatte*, Göttingen 2007, insbesondere S. 185-367 (Pressespiegel).

2 Vgl. die Behördengeschichte des Bundesbeauftragten für die Unterlagen der Staatssicherheit (BStU), online unter: ⟨http://www.bstu.bund.de⟩ (Stand November 2007)

3 BStU, MfS, BV Karl-Marx-Stadt, AIM 1418/85 Bd. I/1, Bl. 000033.

Warten auf den Bürgerkrieg

Mit den aktuellen Bedingungen sind viele im Osten nicht glücklich, doch den Menschen im Westen haben sie eines voraus: Sie wissen, wie man Revolution macht. Wie in der DDR die Sehnsucht nach Freiheit, Weite und Abenteuer unter anderem in der Indianistik sublimiert wurde, findet auch die neue Unzufriedenheit ihren Ausdruck im Hobby. Seit der Wende boomt im Osten eine neue Freizeitbeschäftigung: »*reenactment*«, das Nachstellen historischer Schlachten des Amerikanischen Bürgerkriegs (1861-1865). Der Traum von der Freiheit ist vorerst ausgeträumt. Oder, wie es Gudrun Lange, der Countrystar aus dem Erzgebirge, sagt: »Die große Freiheit ist nicht das Glück für alle.« Die Verlierer der Wiedervereinigung im Osten identifizieren sich mit den Südstaatlern, im Westen stehen die Nordstaaten höher im Kurs. Das *reenactment*-Hobby folgt einem festen Zyklus: Fünf Jahre lang wird von Anfang bis zum Ende des Bürgerkrieges das gesamte historische Geschehen nachgespielt: Schlachten und Bälle; man exerziert und kämpft, säuft und tanzt. Am Ende ist der Süden geschlagen, der Krieg kann von neuem beginnen.

Die meisten Bürgerkriegfans haben zu Hause einen Safe mit Schußwaffen. Wer keine »rosa« Waffenbesitzkarte hat, besitzt zumindest einen Schwarzpulverschein, der zum Tragen und Aufbewahren einläufiger Vorderladerwaffen berechtigt. Die Unzufriedenheit wächst, der Osten rüstet auf.

Die Arbeitsvermittler

Heute sind es die guten, die sozialistischen Cowboys, die sich daran machen, den Osten zu retten. Es geht um Geld, um Arbeitsplätze, um die wirtschaftliche Zukunft, aber auch um Identität und Heimat. Unter denen, die den Ostdeutschen ihren Stolz zurückgeben wollen, ist auch Larry Schuba, der Bandleader von Western Union aus Westberlin. Auf seiner DDR-Tournee bekommt er im Herbst 1989 die Demonstrationen hautnah mit: »Was ich da erlebt habe, hat mein Leben stark beeinflußt.« Er lernt Deutsche kennen, die ganz anders sind als die in der Bundesrepublik: »Die waren nicht Cowboys, weil sie am liebsten Amis gewesen wären, sondern weil das für sie ein Ausdruck von Freiheit war.« Schubas Musik kommt inzwischen im ehemaligen Reservat besser an als in den alten Bundesländern. 1992, als die Trecks der Arbeitssuchenden den Osten verlassen, zieht Larry in die entgegengesetzte Richtung: »Ich bin heute ein überzeugter Ossi.«[1] Jedes Jahr spielt er auf dem Festival im sächsischen Greifenstein, wo schon vor 1989 große Freiluftveranstaltungen für Countrymusik stattfanden. Am 12. August 2007 feiert Western Union auf den Greifensteinen vierzigjähriges Bühnenjubiläum. »Spielt doch mal unsere Nationalhymne«, bittet ein Fan. Die Frau meint weder »Auferstanden aus Ruinen« noch das »Deutschlandlied«, sondern Larrys Song »Traktor-Mann« von 1992.

> »Mit der Sonne auf die Felder früh um vier. 15 Stunden ohne Klagen, denn du wußtest ja wofür. Hast dein Leben lang gezaubert, aus der Scholle goldenes Korn. Deine Hände schufen Wunder. [...] Und dich schämen für das, was du tatst, nein, das mußt du nicht. Die Idee, für die du

kämpftest, glaub mir, sie war gar nicht schlecht. Doch wie haben sie dich betrogen, wer die Macht hat, nimmt sich Recht.
Traktor-Mann, du bist ein Hero [...], niemand kann dein Rückgrat beugen, nicht mit Worten, nicht mit Geld. [...] Doch Millionen Herzen brennen, du Legende Traktor-Mann.
Und dann fiel da diese Mauer, auch dein Weltbild riß man ein. Die Rote Fahne weht nach Westen, doch das Fußvolk blieb daheim. Kein Besatzer von dort oben, ob er schwarz, gelb oder rot. Niemanden interessiert dein Schicksal. Ob du da bist oder tot. Oh, sie regieren und verwalten. [...] Und sie kürzen und sie sparen [...]. Traktor-Mann, du bist ein Hero.«

Der Song ist »für alle Leute«, so Larry, »die mit den besten Vorsätzen ihren Teil zum Sozialismus beigetragen haben«. Er trifft die Gefühle der Menschen, die sich als Verlierer der Marktwirtschaft fühlen: »Ich glaube, daß es viel brutaler ist, wenn man dir immer einen Wurstzipfel vorhält und du darfst nicht zubeißen. Der Kapitalismus nimmt da auf niemanden Rücksicht.« Larry versucht deshalb, mit seiner Musik den Leuten Mut zu machen.
Doch von Stolz und Mut allein kann niemand leben. »Wir müssen was für die jungen Leute tun, sonst passiert was Furchtbares«, sagt Peter Tschernig, der große Mann des DDR-Country. »Wenn wir denen keine Perspektive geben, wenn nur noch Gewalt das Mittel ist, dann wird es schlimm.« 2007 bereitet Tschernig ein Hilfsprojekt für arbeitslose Jugendliche vor, das »Job Car«. Er will einen Truck mit Videotechnik ausstatten, der durch Ostdeutschland fahren soll, damit arbeitslose Jugendliche kurze Be-

werbungsvideos drehen können. Die könnten die Jugendlichen dann an potentielle Arbeitgeber schicken, schließlich »kommen sie da viel besser rüber als in Briefen«.

Harald Wilk, ein anderer Star des deutschsprachigen
Country, glaubt nicht, daß der Osten noch eine Zukunft
hat. Sein Steakrestaurant ist pleite gegangen, und weil es
heute auch den Veranstaltern von Countryfesten wirtschaftlich nicht gut geht, werden seine »Muggen« – sprich:
Auftritte – immer schlechter bezahlt: »Es geht nicht nur
um mich, Solosachen bekomme ich ja auf jeden Fall. Aber
was wird aus meinen Jungs?« Wilk, ganz Cowboy, sucht
new frontiers: Anfang 2007 gründet er eine Künstleragentur in Dubai, will ostdeutsche Musiker an arabische Hotels
vermitteln: »Man muß nur für ein paar Monate da runter
und hat schon das Geld für einen Kleinwagen zusammen.
Und hier führt man dann im Rest des Jahres ein gutes Leben.« Noch ist allerdings nicht alles in trockenen Tüchern:
»Ich bin am Ball. Erst mal fahren zwölf Bands runter. Ich
flieg nächste Woche, die letzten Ungereimtheiten klären.«

Die moralischen Gewinner

Klaus-Dieter ist Uhrmachermeister in Brandenburg an der
Havel. 70 000 Einwohner, 20 Prozent Arbeitslosigkeit. Wir
sitzen im Hinterzimmer seines Ladens. Er trägt Cowboystiefel, ein leuchtend blaues Westernhemd mit schwarzen
Ärmeln, dazu eine Westernkrawatte. In der ostdeutschen
reenactment-Szene ist er eine Seltenheit: Klaus-Dieter ist
Nordstaatler. Der Grund ist einfach: »Wie viele Leute sind
denn schon hier reingekommen, seit ihr hier seid?« Klaus-
Dieter wartet nicht auf unsere Antwort: »Keiner. Und

schaut mal nach draußen, wie es da aussieht. Wenn es schon im echten Leben nicht so richtig läuft, da will ich nicht auch noch im Hobby ein Verlierer sein.«

Klaus-Dieters Freund Frank hat von Sven die Leitung des Country Club Brandenburg übernommen, nachdem der in den Wilden Osten Europas aufbrach. Frank ist Südstaatler. »Klaus-Dieter ist ein netter Kerl«, sagt er, »aber er weiß es halt nicht besser.« Die Südstaatler, die sind Rebellen. Und Rebellen, »innere Rebellen«, waren Frank und seine Frau Claudia schon zu Zeiten der DDR. Begeistert erzählen sie von den Südstaaten-Partys. Vor allem die Wand mit den schwarzbemalten Köpfen, auf die man mit Torten werfen konnte, hat es den beiden angetan. »Eigentlich war das ja als rassenfeindlich verpönt zu DDR-Zeiten«, sagt Claudia. »Heute«, fällt Frank ihr ins Wort, »wäre das gar nicht mehr möglich. Da wären wir fällig. Doch damals haben wir das eben ganz authentisch nachgelebt.«

Moni und Samy aus Sebnitz, vor 1989 begeisterte Indianisten, ziehen nun ebenfalls als Konföderierte in den Krieg. Da die Nordstaatler gegen die Indianer Krieg geführt haben, »sind wir aus Prinzip Südstaatler geworden«, erklärt Moni. Daß es im Westen mehr Nord-, im Osten dagegen mehr Südstaatler gibt, hat für sie mit dem Kampf um Freiheit zu tun: »Hier wollen jetzt alle wieder Rebellen sein, weil wir ja schon einmal für unsere Freiheit gekämpft haben. Auch wir sind 1989 mit auf die Straße gegangen, und das steckt irgendwie noch in uns drin.« Die beiden haben noch eine andere Besonderheit der ostdeutschen Bürgerkriegsszene ausgemacht: »Im Westen, da wollen immer alle gleich General sein«, doch in der Ostszene seien vor allem niedere Dienstgrade üblich. »Hier mußt du dir deine Beförderung erst verdienen. Wir glauben nämlich an das Leistungsprinzip. Wir machen eine richtige Ausbildung: Antreten, durchzählen usw. Das ist richtiger Drill, nicht nur Show.« Moni sitzt nicht nur als schöne Lady im Lager, sondern ist bei den Gefechten die Sanitäterin. Das ist für sie ganz selbstverständlich: »Ich hab im Leben schon immer meinen Mann gestanden.« Auf die Frage, warum sich die meisten Ostdeutschen mit den Verlierern aus dem Süden identifizieren, fragt Moni sofort zurück: »Verlierer? Warum denn Verlierer? Gut, sie haben den Krieg verloren, aber moralisch waren sie doch die Gewinner. Sie haben für ihre Werte gekämpft und ihren Stolz behalten.«

Heimatkunde

Das neue Hobby hat sehr viel mit den Problemen Ostdeutschlands zu tun, ist Teil der Suche nach Heimat und Identität. Die Mitglieder der Virginia Volunteers aus Radebeul, dem größten *reenactment*-Verein in den neuen Ländern, beschäftigen sich deshalb hauptsächlich mit der Erforschung und Darstellung der Deutschen im Amerikanischen Bürgerkrieg. Zu den USA der Gegenwart halten die Menschen in der *reenactment*-Szene Distanz, für sie ist das gute Amerika ohnehin mit den Südstaatlern untergegangen. Auf der Internetseite der Virginia Volunteers heißt es dazu:

> »Durch den Sieg des Nordens wurde der Grundstein für den Aufstieg der USA zur Weltmacht gelegt. Einen weiteren Nebeneffekt spüren wir erst heute, die Amerikanisierung unserer Kultur und den Neoliberalismus. Beide haben ihre Wurzeln im Amerikanischen Sezessions-

krieg. [...] Es ist oberflächlich, den Sezessionskrieg als Feldzug gegen die Sklaverei in den Südstaaten zu betrachten. Die wirklichen Ursachen [...] lagen in den ökonomischen Gegensätzen [...].«[2]

Dieser Krieg ist für viele der ostdeutschen Hobbyfreunde kein rein historisches Thema, sondern ein Sinnbild für die ökonomischen und kulturellen Verwerfungen der Gegenwart. Damals kämpfte der Süden gegen den industrialisierten Norden. Wird nun der Osten gegen die Kolonialisierung und Entindustrialisierung durch den Westen rebellieren?

Für manchen Hobbysüdstaatler ist dieser Krieg aber schon verloren. Wolfgang aus Hohenstein-Ernstthal interessiert sich nicht mehr für die Schlachten, sondern für die schwere Zeit danach, »die Jahre, in denen die Menschen füreinander einstanden«. In der *reenactment*-Szene spielt er einen Südstaatler, der durch den Krieg seine Heimat verloren hat. Er ist Nomade im eigenen Land, und will deshalb in den Westen ziehen und sich dort ein neues Leben aufbauen. Mit seiner Familie kampiert er an einer Bahnstation, weil ihm das Geld für die Fahrkarte fehlt. Woher es kommen soll, weiß er nicht. So Wolfgangs Geschichte im Hobby, die seiner Biographie im richtigen Leben nicht unähnlich ist. Seine Heimat – die DDR – gibt es nicht mehr, aber für den Aufbruch gen Westen, den totalen Neuanfang, fühlt Wolfgang sich nicht jung genug. Und so verwischt die Grenze zwischen *reenactment* und Wirklichkeit.

Auf die Straße gehen

Wo geht es hin mit Ostdeutschland? »Bergab«, meint Bernd D., der zu DDR-Zeiten im Solidaritätsarbeitskreis der Indianistikgruppen aktiv war. »Hier hat doch keiner mehr Arbeit! Ich bin froh, daß ich noch eine Stelle habe, aber wie lange das noch geht, weiß ich nicht. Die Privatisierung frißt uns alle auf.« Bernd leistet weiterhin Unterstützerarbeit und interessiert sich immer noch für Indianer. Nach wie vor gibt er Workshops in Schulen. Den Osten hat er innerlich aufgegeben: »Ich war vor drei Wochen bei einem Indianerprojekt in einer 8. Klasse. Dort haben mir die Lehrer erzählt, das immer mehr Schüler als Berufswunsch ›Hartz IV‹ angeben. Wenn das die Zukunft ist, dann möchte ich die nicht mehr erleben.«

Potlatch Pete, der heute als Versicherungsvertreter viel herumkommt, ist ebenfalls pessimistisch: »Wir sind noch lange nicht in der Talsohle angekommen. Es geht noch um einiges tiefer. Altenheim und Armenhaus. Das bleibt noch mindestens 10 Jahre so.« Auch Peter Tschernig nimmt wahr, daß sich die Lage in Ostdeutschland verschärft: »Die Schere geht immer weiter auseinander. Eine Überflußgesellschaft, in der sich der Großteil nichts leisten kann, das wird früher oder später ein schlimmes Ende nehmen. Was nützt einem die ganze Freiheit, wenn man sich nichts kaufen kann? Die Einführung des Kapitalismus wird sich rächen, die Geschundenen sind nun mal in der Mehrzahl. Ich bin fest davon überzeugt, daß sich da einiges ändern wird, wenn die Ressourcen erst einmal zu Ende gehen.«

»Warum regt sich denn heute kein Protest? Warum geht keiner auf die Straße?« fragt sich Larry, der Wahl-Ostdeutsche von Western Union. »Dieses Volk hat doch ein ganzes

System niedergerungen. Aber wo ist diese Kraft, dieser Mut heute?« Auch Svea aus Sachsen-Anhalt, die sich in den neunziger Jahren als Öko-Indianerin bei Bündnis 90/Die Grünen engagiert hat, sagt: »Wie es jetzt läuft, so geht es nicht weiter. Das ist keine funktionierende Demokratie, weil sich keiner daran beteiligt. Das sieht man doch schon bei den Wahlen: Die Menschen sind nicht mehr politisiert, sondern desorientiert.« Sie sehnt sich nach Veränderung, hofft, daß etwas passiert, daß die Leute noch einmal auf die Straße gehen: »Die Ossis wissen doch noch, wie es geht. Wenn man es einmal gesehen hat, weiß man, daß es funktionieren kann. Die große Frage ist heute natürlich, wofür die Menschen auf die Straße gehen sollen, ob sie für Werte kämpfen, die über dem Materiellen stehen.«

In der Sächsischen Schweiz, im äußersten Südosten der neuen Bundesländer, bekommt die NPD bei Wahlen in den letzten Jahren immer wieder um die 20 Prozent der Stimmen. Hier, in Königstein, lebt der Donnerträumer, auch er ein DDR-Indianer. Auf seiner spirituellen Suche hat er inzwischen das Mittelalter für sich entdeckt. Als Gaukler und Musikant spielt er auf Jahrmärkten, Festivals, Straßenfesten. Er versteht, daß viele Menschen unglücklich sind, schließlich »sind wir komplett platt gemacht worden, wir wurden ja praktisch kolonisiert«. Die sozialen Unterschiede nehmen im Osten immer stärker zu, damit »haben wir dem Westen mal was voraus«.

Wie viele Menschen im Osten hängt der Donnerträumer heute nationalistischen Phantasmen an. An eine friedliche Revolution glaubt er nicht. »Es liegt einiges im argen. Man muß das Ganze ja mal historisch betrachten«, meint der Donnerträumer, »denn die Bundesrepublik existiert seit der ›Vereinigung‹ nicht mehr. Bis heute gibt es keinen Frie-

densvertrag, und viele Gebiete stehen unter fremder Verwaltung.« Und so sieht der Donnerträumer »einen anderen Status kommen. Die Bundesrepublik wird es nicht mehr lange geben. Die Unzufriedenheit hier kann eine Initialzündung sein, aber da wird ein großer Brand losgehen.«

In Sebnitz in der Sächsischen Schweiz, einst eines der Zentren der indianischen Solidaritätsbewegung, besuchen wir das nach der Wende entstandene Westernvillage. Ein Saloon, ein paar umgebaute Bau- und Wohnwagen. Ein Reitplatz, ein kleiner Tümpel. 300 Meter weiter südlich beginnt die Tschechische Republik. Wir treffen El Blanco, der bereits in den neunziger Jahren in den Osten zurückgekehrt ist. Jetzt ist er selbständiger Bauunternehmer. Ich-AG, richtige Arbeit hat er nicht. »Darum nennt man mich ja El Blanco«, erklärt er lachend, »weil ich nie was in der Tasche hab.« Im Westen wollte er trotzdem nicht bleiben. Der Osten ist seine Heimat, im Country Club Phoenix hat er wiedergefunden, was er so lange vermißte: Gemeinschaftsgefühl. Anders als der Donnerträumer hält El Blanco wenig von Verschwörungstheorien und nationalistischem Gerede, doch für den Osten macht auch er sich keine großen Hoffnungen mehr:

»Meine Meinung ist, daß es ganz sachte rückwärts geht, nicht aufwärts. Die Versprechungen der Politiker werden nie eingehalten. Das ist inzwischen jedem klar. Eine Sackgasse. Es wird nicht mehr lange dauern, bis die Menschen wieder auf die Straße gehen. Mittlerweile sagen die Leute ja sogar in den alten Bundesländern: Es langt, so kann es nicht weitergehen. Es klingt schon wieder ein bißchen wie 1989.«

Wie es weitergehen wird in Ostdeutschland? Auch nach unserer Reise durch das ehemalige Reservat haben wir auf diese Frage keine Antwort. Wir verlassen die Sächsische Schweiz, das Land, wo Country Heimatmusik ist und »deutsche« Zigaretten ein Statussymbol sind. Wir fahren rüber nach Tschechien, wo es, wie El Blanco sagt, »Benzin, Zigaretten und alles« gibt.

Anmerkungen

1 Paech, Iris, *Zuckerbrot und Peitsche. Der abenteuerliche Versuch, von Musik zu leben*, Berlin 1996, S. 88.
2 Online unter: ⟨http://www.first-virginia.org⟩ (Stand: 23. Dezember 2007).

Bildnachweise

S. 20/21: Old Manitou in den fünfziger Jahren; Copyright: Brigitte Hüttner.

S. 30 oben: »Marsch zum Indianermuseum«; Copyright: Lutz Lehrmann.

S. 30 unten: »Scharfschützen Rodger und Roy«; Copyright: Lutz Lehrmann.

S. 31 oben: »Verteidigung der Ranch, ein Mann Verlust (Big Man)«; Copyright: Lutz Lehrmann.

S. 31 unten: »Sommer 1965 im Kinderferienlager«; Copyright: Lutz Lehrmann.

S. 36/37: Messerwerfen, um 1980; Copyright: Gerhard Fischer.

S. 52/53: Week-Lager in den achtziger Jahren; Copyright: Werner Turski.

S. 58/59: Indianertanz beim Nationalen Indianerfest im agra Park Leipzig 1986; Copyright: Siegfried Jahn.

S. 64/65: Ein Soli-Stand in den achtziger Jahren; Copyright: Werner Turski.

S. 72/73: Indianer beim Nationalen Jugendfestival der FDJ 1984 in Berlin; Copyright: Werner Turski.

S. 90/91: Authentische Nordwestküsten-Klamotte, achtziger Jahre; Copyright: Peter Altmann, Pasewalk.

S. 100/101: Lagerleben, achtziger Jahre; Copyright: Werner Turski.

S. 106/107: In der Cowboystadt, achtziger Jahre; Copyright: Lutz Lehrmann.

S. 112/113: Crazy Town, achtziger Jahre; Copyright: Peter Altmann, Pasewalk.

S. 132: Die Akte »Tomahawk«, BStU, MfS, BV Karl-Marx-Stadt, AIM 1418/85 Bd. I/1.

S. 133 oben: »Verbindungsspinne Indianistik«, BStU, MfS, BV Dresden, OPK 833/88.

S. 133 unten: AG »Indianistik«, BStU, MfS, BV Potsdam, AOPK 896/87.

S. 198/199: 1st Virginia Infantry, Radebeul, im Felde; Copyright: Rico Fankhänel.

Deutschsprachige Gegenwartsliteratur
in der edition suhrkamp
Eine Auswahl

Marica Bodrožic. Sterne erben, Sterne färben. Meine An-
kunft in Wörtern. es 2506. 154 Seiten.

Paul Brodowsky. Milch Holz Katzen. es 2267. 72 Seiten

Bernd Cailloux
- Das Geschäftsjahr 1968/69. es 2408. 254 Seiten
- german writing. es 2481. 141 Seiten

Ann Cotten. Fremdwörterbuchsonette. Gedichte.
es 2497. 165 Seiten

Dietmar Dath. Heute keine Konferenz. es 2501. 318 Seiten

Esther Dischereit
- Der Morgen an dem der Zeitungsträger. Erzählungen.
  es 2496. 149 Seiten.
- Joëmis Tisch. Eine jüdische Geschichte. es 1492. 122 Seiten
- Übungen, jüdisch zu sein. Aufsätze. es 2067. 215 Seiten

Oswald Egger
- Herde der Rede. Poem. es 2109. 301 Seiten
- Nichts, das ist. Gedichte. es 2269. 160 Seiten
- Prosa, Proserpina, Prosa. es 2392. 192 Seiten

Werner Fritsch
- CHROMA. EULEN:SPIEGEL. Farbenlehre für Chamäleons.
  Deutsche Geschichte. Stücke und Materialien. es 3419. 201 Seiten
- Golgatha. Aller Seelen. Trauerspiel. Stücke und Materialien.
  es 3402. 143 Seiten

- Die lustigen Weiber von Wiesau. Stück und Materialien.
  es 3400. 189 Seiten
- Schwejk? Hydra Krieg. Stücke und Materialien.
  es 3437. 150 Seiten

Rainald Goetz. Celebration. Texte und Bilder zur Nacht.
Heute Morgen. es 2118. 286 Seiten

Durs Grünbein
- Grauzone morgens. Gedichte. es 1507. 93 Seiten
- Warum schriftlos leben? Aufsätze. es 2435. 122 Seiten

Katharina Hacker
- Morpheus oder Der Schnabelschuh. es 2092. 126 Seiten
- Tel Aviv. Eine Stadterzählung. es 2008. 145 Seiten

Florian Höllerer / Tim Schneider. Betrifft Chotjewitz, Dorst,
Hermann, Hoppe, Kehlmann, Klein, Kling, Kronauer, Mora,
Ortheil, Oswald, Rakusa, Walser, Zeh. es 2379. 138 Seiten

Johannes Jansen
- Halbschlaf. Tag Nacht Gedanken. es 2380. 84 Seiten
- heimat ... abgang ... mehr geht nicht. ansätze. mit zeich-
  nungen von norman lindner. es 1932. 116 Seiten
- Splittergraben. Aufzeichnungen II. Mit zahlreichen Schrift-
  Bild-Collagen. es 1873. 116 Seiten
- Verfeinerung der Einzelheiten. Erzählung. es 2223. 95 Seiten

Martin Kippenberger. Wie es wirklich war – Am Beispiel.
Lyrik und Prosa. Herausgegeben und mit einem Nachwort
versehen von Diedrich Diederichsen. es 2486. 359 Seiten

Uwe Kolbe. Abschiede. Und andere Liebesgedichte.
es 1178. 82 Seiten

NF 313a/2/3.08

Barbara Köhler
- Deutsches Roulette. Gedichte 1984-1989. es 1642. 85 Seiten
- Wittgensteins Nichte. Vermischte Schriften / Mixed Media. es 2153. 175 Seiten

Angela Krauß. Die Gesamtliebe und die Einzelliebe. Frankfurter Poetikvorlesungen. es 2389. 103 Seiten

Detlef Kuhlbrodt. Morgens leicht, später laut. Singles. es 2517. 124 Seiten

Christian Lehnert
- Der Augen Aufgang. Gedichte. es 2101. 112 Seiten
- Der gefesselte Sänger. Gedichte. es 2028. 92 Seiten
- Ich werde sehen, schweigen, hören. es 2369. 112 Seiten

Andreas Maier. Ich. Frankfurter Poetikvorlesung. es 2492. 151 Seiten

Friederike Mayröcker. Magische Blätter VI. es 2488. 295 Seiten

Thomas Meinecke
- Feldforschung. es 2474. 143 Seiten
- The Church of John F. Kennedy. Roman. es 1997. 245 Seiten
- Lob der Kybernetik. es 2499. 160 Seiten

Bodo Morshäuser
- Hauptsache Deutsch. es 1626. 205 Seiten
- Revolver. Vier Erzählungen. es 1465. 140 Seiten
- Warten auf den Führer. es 1879. 142 Seiten

Wolfgang Müller. Neues von der Elfenfront. Die Wahrheit über Island. Mit zahlreichen Abbildungen. es 2511. 306 Seiten

José F. A. Oliver
- fernlautmetz. Gedichte. es 2212. 112 Seiten
- finnischer wintervorrat. Gedichte. es 2397. 101 Seiten
- Mein andalusisches Schwarzwalddorf. Essays.
  es 2487. 136 Seiten.
- nachtrandspuren. Gedichte. es 2307. 128 Seiten

Albert Ostermaier
- fremdkörper hautnah. Gedichte. es 2032. 100 Seiten
- Herz Vers Sagen. Gedichte. es 1950. 73 Seiten
- The Making Of. Radio Noir. Stücke. es 2130. 192 Seiten
- Der Torwart ist immer dort, wo es weh tut. es 2469. 114 Seiten
- VATERSPRACHE. es 2436. 60 Seiten

Doron Rabinovici
- Credo und Credit. Einmischungen. es 2216. 160 Seiten
- Österreich. Berichte aus Quarantanien. Herausgegeben von
  Isolde Charim und Doron Rabinovici. es 2184. 172 Seiten
- Papirnik. Stories. es 1889. 134 Seiten

Ilma Rakusa. Love after Love. Acht Gesänge. es 2251. 54 Seiten

Thomas Rosenlöcher
- Die Wiederentdeckung des Gehens beim Wandern. Harz-
  reise. es 1685. 96 Seiten
- Die verkauften Pflastersteine. es 1635. 113 Seiten

Dieter Roth. Da drinnen vor dem Auge. es 2400. 304 Seiten

Patrick Roth
- Ins Tal der Schatten. Frankfurter Poetikvorlesungen.
  es 2277. 176 Seiten
- Zur Stadt am Meer. Heidelberger Poetikvorlesungen.
  es 2411. 100 Seiten

Silke Scheuermann. Der Tag, an dem die Möwen zweistimmig sangen. Gedichte. es 2239. 90 Seiten

Schicht! Johannes Ullmaier (Hg.). Arbeitsreportagen für die Endzeit. es 2508. 417 Seiten

Ingo Schulze. Tausend Geschichten sind nicht genug. Leipziger Poetikvorlesung. edition suhrkamp Sonderdruck. 80 Seiten

Lutz Seiler
- pech & blende. Gedichte. es 2161. 90 Seiten
- Sonntags dachte ich an Gott. Aufsätze. es 2314. 140 Seiten

Hans-Ulrich Treichel
- Der Entwurf des Autors. Frankfurter Poetikvorlesungen. es 2193. 117 Seiten
- Liebe Not. Gedichte. es 1373. 79 Seiten
- Über die Schrift hinaus. Essays zur Literatur. es 2144. 241 Seiten

Jamal Tuschick
- Bis zum Ende der B-Seite. Roman. es 2333. 186 Seiten
- Kattenbeat. Roman in drei Stücken. es 2234. 152 Seiten
- Keine große Geschichte. Roman. es 2166. 285 Seiten

Christian Uetz
- Don San Juan. es 2263. 80 Seiten
- Das Sternbild versingt. Gedichte. es 2376. 94 Seiten

Kevin Vennemann. Nahe Jedenew. es 2450. 144 Seiten

Michael Vogel. Daniel und andere Geschichten aus der Zeit vor der Wende. es 2509. 133 Seiten

Anne Weber. Ida erfindet das Schießpulver. es 2108. 91 Seiten

NF 313a/5/3.08